中国文化文学经典文丛

弟子规·增广贤文·幼学琼林

【清】李毓秀等/著　木　目/编著　孙建军/主编

吉林文史出版社

图书在版编目（CIP）数据

弟子规·增广贤文·幼学琼林 /（清）李毓秀等著；木目编著.
长春：吉林文史出版社，2016.12（2022.1重印）
（中国文化文学经典文丛 / 孙建军主编）
ISBN 978-7-5472-3068-8

Ⅰ.①弟… Ⅱ.①李… ②木… Ⅲ.①古汉语－启蒙读物
Ⅳ.①H194.1

中国版本图书馆CIP数据核字(2016)第134551号

DIZIGUI ZENGGUANGXIANWEN YOUXUEQIONGLIN
书　名：弟子规·增广贤文·幼学琼林

著　　者：李毓秀等
主　　编：孙建军
编　　著：木　目
责任编辑：高冰若
责任校对：郝慧彤
封面设计：李　荣
出版发行：吉林文史出版社
地　　址：长春市福祉大路5788号
邮　　编：130118
电　　话：0431-81629352
网　　址：www.jlws.com.cn
印　　刷：三河市燕春印务有限公司
开　　本：920mm×1280mm　1/16
印　　张：25
字　　数：380千字
版　　次：2016年12月第1版　2022年1月第3次印刷
书　　号：ISBN 978-7-5472-3068-8

定　价：78.00元

前　言

弟子规

《弟子规》原名《训蒙文》，为清朝康熙年间秀才李毓秀所作，其内容采用《论语》“学而篇”第六条“弟子，入则孝，出则弟，谨而信，泛爱众，而亲仁，行有余力，则以学文”的文义，列述弟子在家、出外、待人、接物与学习上应该恪守的守则规范。后经清朝贾存仁修订改编，并改名为《弟子规》。

《弟子规》在中国清代教育史上有一定的影响，清代后期成为广为流传的儿童读本和童蒙读物。此书以浅显易懂的文字、三字韵的形式阐述了学习的重要、做人的道理以及待人接物的礼貌常识，等等，与《三字经》《百家姓》《千字文》有同等影响。《弟子规》总叙中说：“弟子规，圣人训：首孝悌，次谨信，泛爱众，而亲仁，有余力，则学文。”这里面有七个科目，即孝、悌、谨、信、爱众、亲仁、学文，前六项属于德育修养，后一项，即学文，属于智育修养。《弟子规》明确强调了做人的各项准则，首先教育我们孝顺父母、恭敬兄长，继而教育我们把对父兄的孝敬扩大到社会，“事诸父，如事父；事诸兄，如事兄”，进而教育我们泛爱众，“凡是人，皆须爱”，通篇讲的是爱心。父母对子女倾注了无私的爱，子女应该以无私的爱回报父母。

《弟子规》也是学习中国文史知识的重要途径之一。《弟子规》三字一句，易学易记。

增广贤文

《增广贤文》，又名《昔时贤文》《古今贤文》，是中国明代时期编写的道家儿童启蒙书目。书名最早见之于明万历年间的戏曲《牡丹亭》，据此可推知此书最迟写成于万历年间。

《增广贤文》集结中国从古到今的各种格言、谚语。后来，经过明、清两代文人的不断增补，才改成现在这个模样，称《增广昔时贤文》，通称《增广贤文》。

《增广贤文》以有韵的谚语和文献佳句选编而成，其内容十分广泛，从礼仪道德、典章制度到风物典故、天文地理，几乎无所不含，而又语句通顺、易懂。但中心是讲人生哲学、处世之道。其中一些谚语、俗语反映了中华民族千百年来形成的勤劳朴实、吃苦耐劳的优良传统，成为宝贵的精神财富，如“一年之计在于春，一日之计在于晨”；许多关于社会、人生方面的内容，经过人世沧桑的

千锤百炼，成为警世喻人的格言，如“良药苦口利于病，忠言逆耳利于行”“善有善报，恶有恶报”“乐不可极，乐极生悲”等；一些谚语、俗语总结了千百年来人们同自然斗争的经验，成为简明生动哲理式的科学知识，如“近水知鱼性，近山识鸟音”“近水楼台先得月，向阳花木早逢春”等。

幼学琼林

《幼学琼林》是中国古代儿童的启蒙读物。《幼学琼林》最初叫《幼学须知》，又称《成语考》《故事寻源》。

《幼学琼林》是骈体文写成的，全书全部用对偶句写成，容易诵读，便于记忆。全书内容广博、包罗万象，被称为中国古代的百科全书。人称“读了《增广》会说话，读了《幼学》会读书”。此外还可以了解中国古代的著名人物、天文地理、典章制度、风俗礼仪、生老病死、婚丧嫁娶、鸟兽花木、朝廷文武、饮食器用、宫室珍宝、文事科第等诸多方面的内容。本书精选部分章节呈现给读者。

目　录

弟子规

增广贤文

幼学琼林

弟子规

总 叙

【原文】

弟子规　圣人训　首孝悌　次谨信

泛爱众　而亲仁　有余力　则学文

入则孝

【原文】

父母呼　应勿缓　父母命　行勿懒

父母教　须敬听　父母责　须顺承

冬则温　夏则清　晨则省　昏则定

出必告　反必面　居有常　业无变

事虽小　勿擅为　苟擅为　子道亏

物虽小　勿私藏　苟私藏　亲心伤

亲所好　力为具　亲所恶　谨为去

身有伤　贻亲忧　德有伤　贻亲羞

亲爱我　孝何难　亲恶我　孝方贤

亲有过　谏使更　怡吾色　柔吾声

谏不入　悦复谏　号泣随　挞无怨

亲有疾　药先尝　昼夜侍　不离床

丧三年　常悲咽　居处变　酒肉绝

丧尽礼　祭尽诚　事死者　如事生

出则悌

【原文】

兄道友　弟道恭　兄弟睦　孝在中

财物轻　怨何生　言语忍　忿自泯

或饮食　或坐走　长者先　幼者后

长呼人　即代叫　人不在　己即到

称尊长　勿呼名　对尊长　勿见能

路遇长　疾趋揖　长无言　退恭立

骑下马　乘下车　过犹待　百步余

长者立　幼勿坐　长者坐　命乃坐

尊长前　声要低　低不闻　却非宜

进必趋　退必迟　问起对　视勿移

事诸父　如事父　事诸兄　如事兄

谨而信

【原文】

朝起早　夜眠迟　老易至　惜此时
晨必盥　兼漱口　便溺回　辄净手
冠必正　纽必结　袜与履　俱紧切
置冠服　有定位　勿乱顿　致污秽
衣贵洁　不贵华　上循分　下称家
对饮食　勿拣择　食适可　勿过则
年方少　勿饮酒　饮酒醉　最为丑
步从容　立端正　揖深圆　拜恭敬
勿践阈　勿跛倚　勿箕踞　勿摇髀
缓揭帘　勿有声　宽转弯　勿触棱
执虚器　如执盈　入虚室　如有人
事勿忙　忙多错　勿畏难　勿轻略
斗闹场　绝勿近　邪僻事　绝勿问
将入门　问孰存　将上堂　声必扬
人问谁　对以名　吾与我　不分明
用人物　须明求　倘不问　即为偷
借人物　及时还　人借物　有勿悭

信

【原文】

凡出言　信为先　诈与妄　奚可焉

话说多　不如少　惟其是　勿佞巧

刻薄语　秽污词　市井气　切戒之

见未真　勿轻言　知未的　勿轻传

事非宜　勿轻诺　苟轻诺　进退错

凡道字　重且舒　勿急疾　勿模糊

彼说长　此说短　不关己　莫闲管

见人善　即思齐　纵去远　以渐跻

见人恶　即内省　有则改　无加警

惟德学　惟才艺　不如人　当自励

若衣服　若饮食　不如人　勿生戚

闻过怒　闻誉乐　损友来　益友却

闻誉恐　闻过欣　直谅士　渐相亲

无心非　名为错　有心非　名为恶

过能改　归于无　倘掩饰　增一辜

泛爱众

【原文】

凡是人　皆须爱　天同覆　地同载

行高者　名自高　人所重　非貌高

才大者　望自大　人所服　非言大

己有能　勿自私　人所能　勿轻訾

勿谄富　勿骄贫　勿厌故　勿喜新

人不闲　勿事搅　人不安　勿话扰

人有短　切莫揭　人有私　切莫说

道人善　即是善　人知之　愈思勉

扬人恶　即是恶　疾之甚　祸且作

善相劝　德皆建　过不规　道两亏

凡取与　贵分晓　与宜多　取宜少

将加人　先问己　己不欲　即速已

恩欲报　怨欲忘　报怨短　报恩长

待婢仆　身贵端　虽贵端　慈而宽

势服人　心不然　理服人　方无言

亲　仁

【原文】

同是人　类不齐　流俗众　仁者稀

果仁者　人多畏　言不讳　色不媚

能亲仁　无限好　德日进　过日少

不亲仁　无限害　小人进　百事坏

行有余力则以学文

【原文】

不力行　但学文　长浮华　成何人

但力行　不学文　任己见　昧理真

读书法　有三到　心眼口　信皆要

方读此　勿慕彼　此未终　彼勿起

宽为限　紧用功　工夫到　滞塞通

心有疑　随札记　就人问　求确义

房室清　墙壁净　几案洁　笔砚正

墨磨偏　心不端　字不敬　心先病

列典籍　有定处　读看毕　还原处

虽有急　卷束齐　有缺损　就补之

非圣书　屏勿视　蔽聪明　坏心志

勿自暴　勿自弃　圣与贤　可驯致

详解

总　叙

概　述

弟子规原名《训蒙文》，为清朝康熙年间秀才李毓秀所作。其内容采用《论语》学而篇第六条："弟子入则孝，出则弟，谨而信，泛爱众，而亲仁，行有余力，则以学文。"的文义以三字一句，两句一韵编纂而成，分为五个部分加以演述；具体列举出为人子弟在家、出外、待人接物、求学应有的礼仪与规范，特别讲求家庭教育与生活教育。后经清朝贾存仁修订改编，并改名为《弟子规》，是启蒙养正，教育了弟养成忠厚家风的最佳读物。

【原文】

弟子规　圣人训　首孝悌　次谨信

泛爱众　而亲仁　有余力　则学文

【易解】

弟子规这本书，是依据至圣先师孔子的教诲而编成的生活规范。首先，在日常生活中，要做到孝顺父母，友爱兄弟姊妹。其次，在一切日常生活言语行为中要小心谨慎，要讲信用。和别人相处时要平等博爱，并且亲近有仁德的人，向他人学习，这些都是很重要非做不可的事，如果做了之后，还有多余的时间精力，就应该好好学习六艺等其他有益的学问。

入则孝

【原文】

父母呼　应勿缓　父母命　行勿懒

父母教　须敬听　父母责　须顺承

【易解】

父母呼唤，应及时回答，不要慢吞吞地很久才应答，父母有事交代，要立刻动身去做，不可拖延或推辞偷懒。父母教导我们做人处事的道理，是为了我们好，应该恭敬地聆听。做错了事，父母责备教诫时，应当虚心接受，不可强词夺理，使父母亲生气、伤心。

【原文】

冬则温　夏则清　晨则省　昏则定

出必告　反必面　居有常　业无变

【易解】

侍奉父母要用心体贴，二十四孝里的黄香，为了让父亲安心睡眠，夏天睡前会帮父亲把床铺扇凉，冬天寒冷时会为父亲温暖被窝。早晨起床之后，应该先探望父母，并向父母请安问好。下午回家之后，要将今天在外的情形告诉父母，向父母报平安，使老人家放心。外出离家时，须告诉父母要到哪里去，回家后还要当面禀报父母回来了，让父母安心。平时起居作息，要保持正常有规律，做事有常规，不要任意改变，以免父母忧虑。

【原文】

事虽小　勿擅为　苟擅为　子道亏

物虽小　勿私藏　苟私藏　亲心伤

【易解】

纵然是小事，也不要任性，自作主张，而不向父母禀告。如果任性而为，容易出错，就有损为人子女的本分，因此让父母担心，是不孝的行为。公物虽小，也不可以私自收藏占为己有。如果私藏，品德就有缺失，父母亲知道了一定很伤心。

【原文】

亲所好　力为具　亲所恶　谨为去

身有伤　贻亲忧　德有伤　贻亲羞

亲爱我　孝何难　亲恶我　孝方贤

亲有过　谏使更　怡吾色　柔吾声

谏不入　悦复谏　号泣随　挞无怨

【易解】

父母亲所喜好的东西，应该尽力去准备，父母所厌恶的事物，要小心谨慎去除。要爱护自己的身体，不要使身体轻易受到伤害，让父母亲忧虑。要注重自己的品德修养，不可以做出伤风败德的事，使父母亲蒙受耻辱。当父母亲喜爱我们的时候，孝顺是很容易的事；当父母亲不喜欢我们，或者管教过于严厉的时候，我们一样孝顺，而且还能够自己反省检点，体会父母的心意，努力改过并且做得更好，这种孝顺的行为最难能可贵。父母亲有过错的时候，应小心劝导改过向善，劝导时态度要诚恳，声音必须柔和，并且和颜悦色，如果父母不听规劝，要耐心等待，一有适当

时机，例如父母情绪好转或是高兴的时候，再继续劝导；如果父母仍然不接受，甚至生气，此时我们虽难过得痛哭流涕，也要恳求父母改过，纵然遭遇到责打，也无怨无悔，以免陷父母于不义，使父母一错再错，铸成大错。

【原文】

亲有疾　药先尝　昼夜侍　不离床

丧三年　常悲咽　居处变　酒肉绝

丧尽礼　祭尽诚　事死者　如事生

【易解】

父母亲生病时，子女应当尽心尽力照顾，一旦病情严重时，更要昼夜服侍，不可以随便离开。父母去世之后，守孝期间，要常常追思、感怀父母教养的恩德。自己的生活起居必须调整改变，不能贪图享受，应该戒绝酒肉。办理父母亲的丧事要哀戚合乎礼节，不可草率马虎，也不可以为了面子铺张浪费，才是真孝顺。祭拜时应诚心诚意，对待已经去世的父母，要如同生前一样恭敬。

出则悌

【原文】

兄道友　弟道恭　兄弟睦　孝在中

财物轻　怨何生　言语忍　忿自泯

【易解】

当哥哥姊姊的要友爱弟妹，作弟妹的要懂得恭敬兄姊，兄弟姊妹能和睦相处，一家人和乐融融，父母自然欢喜，孝道就在其中了。与人相处不斤斤计较财物，怨恨就无从生起。言语能够包容忍让，多说好话，不说坏话，忍住气话，不必要的冲突、怨恨的事情自然消失不生。

【原文】

或饮食　或坐走　长者先　幼者后

长呼人　即代叫　人不在　己即到

【易解】

不论用餐就座或行走，都应该谦虚礼让，长幼有序，让年长者优先，年幼者在后。长辈有事呼唤人，应代为传唤，如果那个人不在，自己应该主动去询问是什么事,可以帮忙就帮忙，不能帮忙时则代为转告。

【原文】

称尊长　勿呼名　对尊长　勿见能

路遇长　疾趋揖　长无言　退恭立

骑下马　乘下车　过犹待　百步余

【易解】

称呼长辈，不可以直呼姓名，在长辈面前，要谦虚有礼，不可以炫耀自己的才能；路上遇见长辈，应向前问好，长辈没有事时，即恭敬退后站立一旁，等待长辈离去。古礼：不论骑马或乘车，路上遇见长辈均应下马或下车问候，并等到长者离去稍远，约百步之后，才可以离开。

【原文】

长者立　幼勿坐　长者坐　命乃坐

尊长前　声要低　低不闻　却非宜

进必趋　退必迟　问起对　视勿移

事诸父　如事父　事诸兄　如事兄

【易解】

与长辈同处，长辈站立时，晚辈应该陪着站立，不可以自行就座，长辈坐定以后，吩咐坐下才可以坐。与尊长交谈，声音要柔和适中，回答的音量太小让人听不清楚，也是不恰当的。有事要到尊长面前，应快步向前，退回去时，必须稍慢一些才合乎礼节。当长辈问话时，应当专注聆听，眼睛不可以东张西望，左顾右盼。

对待叔叔、伯伯等尊长，要如同对待自己的父亲一般孝顺恭敬，对待同族的兄长，要如同对待自己的兄长一样友爱尊敬。

谨而信

【原文】

朝起早　夜眠迟　老易至　惜此时

晨必盥　兼漱口　便溺回　辄净手

【易解】

早上要早点起床，晚上也别很早就睡觉。因为时光宝贵，转瞬即逝，应当好好珍惜和努力。早晨起床后，务必洗脸、刷牙、漱口，使精神清爽，有一个好的开始。大小便后，一定要洗手。

【原文】

冠必正　纽必结　袜与履　俱紧切

置冠服　有定位　勿乱顿　致污秽

衣贵洁　不贵华　上循分　下称家

对饮食　勿拣择　食适可　勿过则

【易解】

戴帽子要戴端正，衣服扣子要扣好，袜子穿平整，鞋带应系紧，否则容易被绊倒，一切穿着以稳重端庄为宜。回家后衣、帽、鞋袜都要放置定位，避免造成脏乱，要用的时候又要找半天。穿衣服需注重整洁，不必讲究昂贵、名牌、华丽。穿着应考量自己的身份及场合，更要衡量家中的经济状况，才是持家之道。日常饮食要注意营养均衡，多吃蔬菜水果，少吃肉，不要挑食，不可以偏食，三餐常吃八分饱，避免过量。

【原文】

年方少　勿饮酒　饮酒醉　最为丑

步从容　立端正　揖深圆　拜恭敬

勿践阈　勿跛倚　勿箕踞　勿摇髀

【易解】

青少年未成年不可以饮酒。醉汉疯言疯语，丑态毕露，惹出多少是非？走路时步伐应当从容稳重，不慌不忙，不急不缓；站立时要端正有站相，须抬头挺胸，精神饱满，不可以弯腰驼背，垂头丧气。问候他人时，不论鞠躬或拱手都要真诚恭敬，不能敷衍了事。进门时脚不要踩在门槛上，站立时身体也不要站得歪歪斜斜的，坐的时候不可以伸出两腿，腿更不可以抖动。

【原文】

缓揭帘　勿有声　宽转弯　勿触棱

执虚器　如执盈　入虚室　如有人

事勿忙　忙多错　勿畏难　勿轻略

【易解】

进入房间时，不论揭帘子、开门的动作都要轻一点、慢一些，避免发出声响。在室内行走或转弯时，应小心不要撞到物品的棱角，以免受伤。拿东西时要注意，即使是拿着空的器具，也要像里面装满东西一样，小心谨慎以防跌倒或打破。进入无人的房间，也要像有人在一样，不可以随便。做事不要急急忙忙、慌慌张张，因为忙中容易出错，不要畏苦怕难而犹豫退缩，也不可以草率，随便应付了事。

【原文】

斗闹场　绝勿近　邪僻事　绝勿问

将入门　问孰存　将上堂　声必扬

人问谁　对以名　吾与我　不分明

【易解】

凡是容易发生争吵打斗的不良场所，要勇于拒绝，不要接近，以免受到不良的影响。一些邪恶下流、荒诞不经的事也要谢绝，不听、不看，不要好奇地去追问，以免污染了善良的心性。

将要入门之前，应先问："有人在吗？"不要冒冒失失就跑进去。进入客厅之前，应先提高声音，让屋里的人知道有人来了。如果屋里的人问："是谁呀？"应该回答名字，而不是："我，我！"让人无法分辨是谁。

【原文】

用人物　须明求　倘不问　即为偷

借人物　及时还　人借物　有勿悭

【易解】

借用别人的物品，一定要事先讲明，请求允许。如果没有事先征求同意，擅自取用就是偷窃的行为。借来的物品，要爱惜使用，并准时归还，以后若有急用，再借就不难。

信

【原文】

凡出言　信为先　诈与妄　奚可焉

话说多　不如少　惟其是　勿佞巧

刻薄语　秽污词　市井气　切戒之

【易解】

开口说话，诚信为先，答应他人的事情，一定要遵守承诺，没有能力做到的事不能随便答应，至于欺骗或花言巧语，更不能使用！话多不如话少，话少不如话好。说话要恰到好处，该说的就说，不该说的绝对不说，立身处世应该谨言慎行，谈话内容要实事求是。奸诈取巧的语言，下流肮脏的话以及街头无赖粗俗的口气，都要避免不去沾染。

【原文】

见未真　勿轻言　知未的　勿轻传

事非宜　勿轻诺　苟轻诺　进退错

凡道字　重且舒　勿急疾　勿模糊

彼说长　此说短　不关己　莫闲管

【易解】

任何事情在没有看到真相之前，不要轻易发表意见，对事情了解得不够清楚明白时，不可以任意传播，以免造成不良后果。不合义理的事，不要轻易答应，如果轻易允诺，会造成做也不是，不做也不好，使自己进退两难。讲话时要口齿清晰，咬字应该清楚，慢慢讲，不要太快，更不要模糊不清。　遇到他人来说是非，听听就算了，要有智慧判断，不要受影响，不要介入是非，事不关己不必多管。

【原文】

见人善　即思齐　纵去远　以渐跻

见人恶　即内省　有则改　无加警

【易解】

看见他人的优点或善行义举，要立刻想到学习看齐，纵然目前能力相差很多，也要下定决心，逐渐赶上。看见别人的缺点或不良的行为，要反躬自省，检讨自己是否也有这些缺失，有则改之，无则加勉。

【原文】

惟德学　惟才艺　不如人　当自励

若衣服　若饮食　不如人　勿生戚

闻过怒　闻誉乐　损友来　益友却

闻誉恐　闻过欣　直谅士　渐相亲

【易解】

品德、学问和才能技艺的培养，如果感觉到有不如人的地方，应当自我激励奋发图强。至于外表穿着，或者饮食不如他人，则不必放在心上，更没有必要忧虑自卑。如果一个人听到别人说自己的缺点就生气，听到别人称赞自己就欢喜，那么坏朋友就会来接近你，真正的良朋益友反而逐渐疏远退却了。反之，如果听到他人的称赞，不但没有得意忘形，反而会自省，唯恐做得不够好，继续努力；当别人批评自己的缺点时，不但不生气，还能欢喜接受，那么正直诚信的人，就会渐渐喜欢和我们亲近了。

【原文】

无心非　名为错　有心非　名为恶

过能改　归于无　倘掩饰　增一辜

【易解】

无心之过称为错，若是明知故犯，有意犯错便是罪恶。知错能改，是勇者的行为，错误自然慢慢地减少消失，如果为了面子，死不认错，还要去掩饰，那就是错上加错了。

泛 爱 众

【原文】

凡是人　皆须爱　天同覆　地同载

行高者　名自高　人所重　非貌高

才大者　望自大　人所服　非言大

【易解】

只要是人，皆须相亲相爱。同是天地所生万物滋长的，应该不分你我，互助合作，才能维持这个共生共荣的生命共同体。德行高尚者，名望自然高超。大家所敬重的是他的德行，不是外表容貌。有才能的人，处理事情的能力卓越，声望自然不凡，然而人们之所以欣赏佩服，是他的处事能力，而不是因为他很会说大话。

【原文】

己有能　勿自私　人所能　勿轻訾

勿谄富　勿骄贫　勿厌故　勿喜新

人不闲　勿事搅　人不安　勿话扰

【易解】

当你有能力可以服务众人的时候，不要自私自利，只考虑到自己，舍不得付出。对于他人的才华，应当学习欣赏赞叹，而不是批评、嫉妒、毁谤。不要去讨好巴结富有的人，也不要在穷人面前骄傲自大，或者轻视他们。不要喜新厌旧，对于老朋友要珍惜，不要贪恋新朋友或新事物。对于正在忙碌的人，不要去打扰他，当别人心情不好、身心欠安的时候，不要闲言闲语干扰他，增加他的烦恼与不安。

【原文】

人有短　切莫揭　人有私　切莫说

道人善　即是善　人知之　愈思勉

扬人恶　即是恶　疾之甚　祸且作

善相劝　德皆建　过不规　道两亏

【易解】

别人的缺点，不要去揭穿，对于他人的隐私，切忌去张扬。赞美他人的善行就是行善。当对方听到你的称赞之后，必定会更加勉励行善。张扬他人的过失或缺点，就是做了一件坏事。如果指责批评太过分了，还会给自己招来灾祸。朋友之间应该互相规过劝善，共同建立良好的品德修养。如果有错不能互相规劝，两个人的品德都会有缺陷。

【原文】

凡取与　贵分晓　与宜多　取宜少

将加人　先问己　己不欲　即速已

【易解】

财物的取得与给予，一定要分辨清楚明白，宁可多给别人，自己少拿一些，才能广结善缘，与人和睦相处。事情要加到别人身上之前，先要反省问问自己：换作是我，喜欢不喜欢，如果连自己都不喜欢，就要立刻停止。

【原文】

恩欲报　怨欲忘　报怨短　报恩长

待婢仆　身贵端　虽贵端　慈而宽

势服人　心不然　理服人　方无言

【易解】

受人恩惠要时时想着报答，别人有对不起自己的事，应该宽大把它忘掉，怨恨不平的事不要停留太久，过去就算了，至于别人对我们的恩德，要感恩在心常记不忘，常思报答。对待家中的婢女与仆人，要注重自己的品行端正并以身作则，虽然品行端正很重要，但是仁慈宽大更可贵，如果仗势强逼别人服从，对方难免口服心不服。唯有以理服人，别人才会心悦诚服没有怨言。

亲　仁

【原文】

同是人　类不齐　流俗众　仁者稀

果仁者　人多畏　言不讳　色不媚

能亲仁　无限好　德日进　过日少

不亲仁　无限害　小人进　百事坏

【易解】

同样是人，善恶邪正，心智高低却是良莠不齐。跟着潮流走的俗人多，仁慈博爱的人少，如果有一位仁德的人出现，大家自然敬畏他，因为他说话公正无私没有隐瞒，又不讨好他人。所以大家才会起敬畏之心。能够亲近有仁德的人，向他学习，真是再好不过了，因为他会使我们的德行一天比一天进步，过错也跟着减少。如果不肯亲近仁人君子，就会有无穷的祸害，因为不肖的小人会乘虚而入，跑来亲近我们，日积月累，我们的言行举止都会受影响，导致整个人生的失败。

行有余力则以学文

【原文】

不力行　但学文　长浮华　成何人

但力行　不学文　任己见　昧理真

【易解】

不能身体力行孝、悌、谨、信、泛爱众、亲仁这些本分，一味死读书，纵然有些知识，也只是增长自己浮华不实的习气，变成一个不切实际的人，如此读书又有何用？反之，如果只是一味地做，不肯读书学习，就容易依着自己的偏见做事，蒙蔽了真理，也是不对的。

【原文】

读书法　有三到　心眼口　信皆要

方读此　勿慕彼　此未终　彼勿起

宽为限　紧用功　工夫到　滞塞通

心有疑　随札记　就人问　求确义

【易解】

读书的方法要注重三到，眼到、口到、心到。三者缺一不可，如此方能收到事半功倍的效果。研究学问，要专一、要专精才能深入，不能这本书才开始读没多久，又想着其他的书，想看其他的书，这样永远也定不下心，必须把这本书读完，才能读另外一本。在定读书计划的时候，不妨宽松一些，实际执行时，就要加紧用功，严格执行，不可以懈怠偷懒，日积月累工夫深了，原先窒碍不通、困顿疑惑之处自然而然都迎刃而解了。求学当中，心里有疑问，应随时笔记，一有机会，就向良师益友请教，务必确实明白它的真义。

【原文】

房室清　墙壁净　几案洁　笔砚正

墨磨偏　心不端　字不敬　心先病

列典籍　有定处　读看毕　还原处

虽有急　卷束齐　有缺损　就补之

【易解】

书房要整理清洁，墙壁要保持干净，读书时，书桌上笔墨纸砚等文具要放置整齐，不得凌乱，触目所及皆是井井有条，才能静下心来读书。古人写字使用毛笔，写字前先要磨墨，如果心不在焉，墨就会磨偏了，写出来的字如果歪歪斜斜，就表示你浮躁不安，心定不下来。书籍课本应分类，排列整齐，放在固定的位置，读诵完毕须归还原处。虽有急事，也要把书本收好再离开，书本是智慧的结晶，有缺损就要修补，保持完整。

【原文】

非圣书　屏勿视　蔽聪明　坏心志

勿自暴　勿自弃　圣与贤　可驯致

【易解】

不是传述圣贤言行的著作，以及有害身心健康的不良书刊，都应该不要看，以免身心受到污染，智慧遭受蒙蔽，心志变得不健康。遇到困难或挫折的时候，不要自暴自弃，也不必愤世嫉俗，看什么都不顺眼，应该发愤向上努力学习，圣贤境界虽高，循序渐进，也是可以达到的。

增广贤文

正　文

【原文】

昔时贤文，诲汝谆谆。

集韵增广，多见多闻。

观今宜鉴古，无古不成今。

【解释】

用以前圣贤们的言论来谆谆教诲你。广泛搜集押韵的文字汇编成“增广”，使你见多识广。应该借鉴古人的经验教训，来指导今天的行为，因为今天是古代的延续。

【原文】

知己知彼，将心比心。

【解释】

知道自己怎么想的，也应该知道别人是怎样想的，所以要用自己的心，体谅别人的心，设身处地为别人着想。

【原文】

酒逢知己饮，诗向会人吟。

相识满天下，知心能几人。

【解释】

酒要和了解自己的人一起喝，诗要与懂得它的人一起吟。认识的人可以很多，但真正了解，并达到知心的却没有几个。

【原文】

相逢好似初相识，到老终无怨恨心。

【解释】

人和人之间的相逢应该总是如同初次见面似的，这样即使到老也不会产生怨恨之心。

【原文】

近水知鱼性，近山知鸟音。

【解释】

住在水边能掌握不同鱼儿的习性，住在山旁则能识别各种鸟儿的声音。

【原文】

易涨易退山溪水，易反易复小人心。

【解释】

容易涨也容易退的是山间的溪水，反复无常的是小人的心。

【原文】

运去金成铁，时来铁似金。

【解释】

运气差时金子可以变成铁，时来运转的时候铁也会变成金子。

【原文】

读书须用意，一字值千金。

【解释】

读书须用心，能下苦功夫，才会文辞精妙，一字千金。

【原文】

逢人且说三分话，未可全抛一片心。

有意栽花花不发，无心插柳柳成荫。

画虎画皮难画骨，知人知面不知心。

【解释】

与人说话只能说三分，不能把内心的想法全部吐露给别人。有意栽花花不一定开，无意去插柳柳树却可能长得茂盛。龙和虎的形态好画，却难以画出它们的骨骼。了解人的表面很容易，但了解人的内心却十分困难。

【原文】

钱财如粪土，仁义值千金。

【解释】

要把钱财看作粪土一般低贱和微不足道，而仁义道德才价值千金。

【原文】

流水下滩非有意，白云出岫本无心。

【解释】

流水从滩头泻下来并非有意而为，白云从山峰间飘出来也是出于自然罢了。

【原文】

路遥知马力，事久见人心。

【解释】

路途遥远才能知道马的力气的大小，事情经历多了才会明了一个人心地的好坏。

【原文】

马行无力皆因瘦，人不风流只为贫。

【解释】

马行走无力是由于它身体瘦弱，人不风流潇洒只是因为他的穷困所致。

【原文】

饶人不是痴汉，痴汉不会饶人。

【解释】

能宽恕他人的不是傻瓜，傻瓜则从来不会宽恕他人。

【原文】

是亲不是亲，非亲却是亲。

美不美，乡中水；亲不亲，故乡人。

相逢不饮空归去，洞口桃花也笑人。

【解释】

有些人名义上是亲戚却不像亲戚，有些人虽然不是亲戚却比亲戚还亲近。不论甜美与否，家乡的水都好喝；不论是不是亲戚，故乡的人都最亲近。朋友相聚不饮酒，连洞口的桃花也会嘲笑你不懂得人情。

【原文】

为人莫做亏心事，半夜敲门心不惊。

【解释】

做人不做对不起良心的事，半夜有人敲门心里也不会惊慌。

【原文】

当时若不登高望，谁知东流海样深。

两人一条心，有钱堪买金。

一人一条心，无钱难买针。

【解释】

若不登高望远，如何能够知道东流的河水最终汇聚成为深邃的大海。两个人一条心，能够得到购买黄金的钱。每个人都留着一个心眼，连买根针的钱也赚不到。

【原文】

莺花犹怕春光老，岂可教人枉度春。

红粉佳人休使老，风流浪子莫教贫。

【解释】

连莺儿和鲜花都害怕春天逝去，怎么可以让人虚度年华呢？红粉佳人们千万不能过于放纵，风流潇洒的才子千万不能变得贫穷。女人要做红粉佳人就趁年轻，否则人老珠黄了便吃不来这碗饭了。那是靠青春做本钱的；男人想要风流浪荡，穷人家的孩子就别去学了，那是要靠钱财来支撑的。

【原文】

黄金无假，阿魏无真。

【解释】

黄金贵重很难造假，阿魏这种药材却几乎没有真货。

【原文】

客来主不顾，应恐是痴人。

【解释】

客人来了，主人不去招待，他可能是个不知事理的大傻瓜。

【原文】

贫居闹市无人问，富在深山有远亲。

谁人背后无人说，哪个人前不说人。

有钱道真语，无钱语不真。

不信但看筵中酒，杯杯先敬有钱人。

闹里有钱，静处安身。

【解释】

穷人住在闹市也无人理睬，富人住在深山也会招来远房亲戚。有哪个人背后不被别人议论，哪个人在人前不议论他人？给钱就说真话，不给钱就不说真话。不信你到筵席上看看，哪杯酒不先敬有钱的人？热闹繁华的地方有钱可赚，偏僻幽静的地方宜于安身。

【原文】

来如风雨，去似微尘。

长江后浪推前浪，世上新人赶旧人。

【解释】

来势像暴风骤雨一样猛烈，退去像微尘飘落一样静悄悄。长江的后浪推涌着前浪，世上的新人赶超着旧人。

【原文】

近水楼台先得月，向阳花木早逢春。

古人不见今时月，今月曾经照古人。

先到为君，后到为臣。

莫道君行早，更有早行人。

【解释】

近水的楼台最先看到水中的月亮，向阳的花木光照好，发芽就早。古代的人看不见今天的月亮，而今天的月亮却曾经照耀过古代的人。抢先一步就能当上君王，

后到一步只能称作臣子。别以为你走得早，还有比你走得更早的人。

【原文】

莫信直中直，须防仁不仁。

山中有直树，世上无直人。

【解释】

不要轻信那些所谓特别正直的人，也要防备那些标榜仁义却不仁义的人。山里有长得笔直的树，世上却无正直的人。

【原文】

自恨枝无叶，莫怨太阳倾。

大家都是命，半点不由人。

【解释】

树恨自己的枝上长不出叶子，不要抱怨太阳偏心眼。人的一切都是命中注定的，一星半点也由不得自己。

【原文】

一年之计在于春，一日之计在于寅。

一家之计在于和，一生之计在于勤。

【解释】

一年的计划应在春天里做好，一天的计划应在黎明时分做好，一个家庭最宝贵的是和睦，一个人一生要有所成就必须勤劳。

【原文】

责人之心责己，恕己之心恕人。

【解释】

应当拿责备别人的心来责备自己，拿宽恕自己的心去宽恕别人。

【原文】

守口如瓶，防意如城。

宁可人负我，切莫我负人。

再三须重事，第一莫欺心。

虎身犹可近，人毒不堪亲。

来说是非者，便是是非人。

【解释】

要像瓶口那样不轻易开口，要像城防那样时时戒备。宁愿让别人辜负我，决不让自己辜负别人。做事要三思而后行，首先不要违背自己的良心。活着的老虎尚可以靠近，心地恶毒的人千万不能亲近。在你跟前说别人坏话的人，就是制造是非的小人。

【原文】

远水难救近火，远亲不如近邻。

有茶有酒多兄弟，急难何曾见一人！

人情似纸张张薄，世事如棋局局新。

【解释】

远处的水救不了近处的火，即使再好的远亲也不如近邻能够随时帮忙。平时喝酒吃茶的朋友很多，但是在危难之时却没有一个朋友出来帮助。人情就好像纸张一样薄，世事则像下棋一样每一局都充满变化。

【原文】

山中也有千年树，世上难逢百岁人。

【解释】

山林中有生长千年的树，世上却难遇到活上百岁的人。

【原文】

力微休负重，言轻莫劝人。

无钱休入众，遭难莫寻亲。

【解释】

力气单薄就不要去背负重物，说话没分量就不要规劝别人。没有钱就不要到人群中去，遇到危难千万别去求亲戚。

【原文】

平生莫做皱眉事，世上应无切齿人。

【解释】

一辈子不做不应该做的事，世界上就不会有痛恨自己的人了。

【原文】

士者国之宝，儒为席上珍。

【解释】

读书人是国家的宝贝，儒生就像宴席上的美味一样珍贵。

【原文】

若要断酒法，醒眼看醉人。

【解释】

如果想得到戒酒的方法，只需用清醒的眼光看看喝醉酒的人的醉态。

【原文】

求人须求大丈夫，济人须济急时无。

渴时一滴如甘露，醉后添杯不如无。

【解释】

请求人帮助就去求真正的男子汉，救济别人就救济那些急需救济的人。口渴的时候一滴水也如同甘露一般甜美，喝醉酒后再添杯还不如不添。

【原文】

久住令人贱，频来亲也疏。

【解释】

在别人家住久了会让人讨厌，亲戚间频繁往来反而会变得很疏远。

【原文】

酒中不语真君子，财上分明大丈夫。

【解释】

喝酒不胡言乱语才是真正的君子，在钱财上分得清清楚楚才是真正的男子汉。

【原文】

积金千两，不如多买经书。

养子不教如养驴，养女不教如养猪。

有田不耕仓廪虚，有书不读子孙愚。

仓廪虚兮岁月乏，子孙愚兮礼义疏。

同君一席话，胜读十年书。

人不通古今，马牛而襟裾。

茫茫四海人无数，哪个男儿是丈夫。

美酒酿成缘好客，黄金散尽为收书。

【解释】

积蓄千两黄金，不如多买书籍传给后代。养儿子不教育和养驴没有区别，养女儿不教育和养猪没有两样。有了田地不耕，粮仓也会空虚，有书籍不读，子孙必定愚笨。粮仓空虚生活就没有保障，子孙愚笨就会不讲礼义。同你长谈一次话，收益胜过读十年的书。一个人不能博古通今，就如同牛马穿上衣服没有什么区别。茫茫四海人不计其数，哪个男人才是真正的男子汉，酿造美酒是因为热情好客，花掉金钱是由于收集购买书籍。

【原文】

救人一命，胜造七级浮屠。

城门失火，殃及池鱼。

庭前生瑞草，好事不如无。

【解释】

救人一命，胜过修建七层佛塔。城门口着了火，取水救火，就会殃及池中的鱼无水而死。庭院生长出吉祥的草，会招来人们纷纷观看，这样的好事不如没有好。

【原文】

欲求生富贵，须下死工夫。

【解释】

如果想得到荣华富贵，必须付出拼死的努力。

【原文】

百年成之不足，一旦败之有余。

【解释】

多年的努力做成一件事还不一定成功，但一朝不慎毁坏起来却是绰绰有余。

【原文】

人心似铁，官法如炉。

善化不足，恶化有余。

【解释】

如果把人心比做铁的话，国家的法律则像冶铁的熔炉。如果善性对你的感化不够，则恶性对你的感化就会变本加厉。

【原文】

水至清则无鱼，人太察则无谋。

知者减半，愚者全无。

【解释】

水过分清澈就不会有鱼，人过于明察就不会有人为你出主意。世上的聪明人若减少一半，那么愚笨的人也就没有了。

【原文】

在家由父，出嫁从夫。

痴人畏妇，贤女敬夫。

【解释】

女子在家里要听从父亲，出嫁后要服从丈夫。只有傻瓜才害怕老婆，贤惠的女人敬重丈夫。

【原文】

是非终日有，不听自然无。

宁可正而不足，不可邪而有余。

宁可信其有，不可信其无。

【解释】

是是非非每天都有，若不去听它自然就不存在了。宁可生活贫困，做一个正直的人，也不能生活富足，做一个奸邪的人。有些事宁可相信它有，也不要相信它没有。

【原文】

竹篱茅舍风光好，僧院道房终不如。

【解释】

自家的茅屋竹院风光很好，就是道观寺院也比不上。

【原文】

命里有时终须有，命里无时莫强求。

【解释】

命中注定有的一定会有，命中注定没有的就不要再强求。

【原文】

道院迎仙客，书堂隐相儒。

庭栽栖凤竹，池养化龙鱼。

结交须胜己，似我不如无。

但看三五日，相见不如初。

【解释】

道观寺院迎接神仙贵客，学堂隐藏着宰相儒士。庭院栽有落凤的竹子，池塘养有化龙之鱼。交朋友须找学识本领胜过自己的人，和自己水平差不多的人交往如同不交往一样。只要相处几天，就会发现他还不如初次见时的印象好。

【原文】

人情似水分高下，世事如云任卷舒。

【解释】

人情像水一样有高下、厚薄之分，世事如同浮云一样变幻莫测。

【原文】

会说说都市，不会说说屋里。

【解释】

会说的说些都市里的大事，不会讲的只讲些家中鸡毛蒜皮的小事。

【原文】

磨刀恨不利，刀利伤人指。

求财恨不多，财多害自己。

【解释】

磨刀都嫌磨得不够锋利，但刀过于锋利则易伤人手指。追求钱财总嫌不够多，但钱财太多反而会害了自己的子女。

【原文】

知足常足，终身不辱；

知止常止，终身不耻。

【解释】

明白知足常乐的道理就会经常感到满足，懂得任何事物都有止境就应适可而止，能做到这样一生都不会遭受耻辱。

【原文】

有福伤财，无福伤己。

差之毫厘，失之千里。

【解释】

有福之人遭到不幸只是损失钱财，无福之人遭遇不幸则会伤及性命。非常微小的差错会造成天大的错误。

【原文】

若登高必自卑，若涉远必自迩。

【解释】

登上极高的山，就能使人知道“自卑”，也就是与“高”比较起来自己只不过是“卑”而已。走极远的路，就能知道“自迩”，也就是与“远”比较起来自己只不过是“迩”而已。

【原文】

三思而行，再思可矣。

【解释】

凡事应三思而后行，但通常考虑两次也就差不多了。

【原文】

使口不如自走，求人不如求己。

【解释】

动口说不如亲自去做，求人帮助还不如靠自己努力。

【原文】

小时是兄弟，长大各乡里。

妒财莫嫉食，怨生莫怨死。

【解释】

小时在一起玩耍时是好兄弟，长大成人后就各奔东西了。妒忌别人的钱财可以，但不能妒忌别人的饮食；别人活着的时候你可以埋怨，死去之后就不要再埋怨了。

【原文】

人见白头嗔，我见白头喜。

多少少年亡，不到白头死。

【解释】

别人发现头发白了就很生气，我见了却很高兴。多少人年轻黑发时就死去了，还没有活到有白头发的时候。

【原文】

墙有缝，壁有耳。

好事不出门，恶事传千里。

【解释】

再好的墙壁也有裂缝，隔着墙也会有人偷听，应该时时提防。好的事情不易传出去，而坏事情则一日可传千里。

【原文】

贼是小人，知过君子。

君子固穷，小人穷斯滥矣。

【解释】

贼虽然是卑鄙小人，但其智慧有时可以超过所谓的君子。君子虽然穷困，但能安分守己，小人穷困了则会

胡作非为。

【原文】

贫穷自在，富贵多忧。

【解释】

人虽贫穷但活得自在，人变富贵后因为想法太多活得就很累。

【原文】

不以我为德，反以我为仇。

宁向直中取，不向曲中求。

【解释】

不但不感激我，反而说我坏话，把我当作仇人。宁可用正当的方法去争取，也不可用旁门左道去谋求。

【原文】

人无远虑，必有近忧。

【解释】

人若没有了长远的打算，以后一定会被眼前的难事所困扰。

【原文】

知我者谓我心忧，不知我者谓我何求。

【解释】

了解我的人能够说出我内心的困苦，不了解我的人还以为我在干什么呢！

【原文】

晴天不肯去，直待雨淋头。

成事莫说，覆水难收。

【解释】

天气好时不愿前去，直到大雨淋头时才开始行动，这时候已经晚了。事情办完了，不管好坏就不要再说了，因为泼出去的水终究是收不回来的。

【原文】

是非只为多开口，烦恼皆因强出头。

【解释】

是非都是由说话过多而引发的，烦恼都是由于争强好胜而招致的。

【原文】

忍得一时之气，免得百日之忧。

近来学得乌龟法，得缩头时且缩头。

【解释】

忍下一时的怨气，可以免除长久的忧患。遇到不利的情况学学乌龟，该缩头的时候就要把头缩回去。

【原文】

惧法朝朝乐，欺公日日忧。

【解释】

严守法纪天天都会安乐，冒犯公法时时都有忧患。

【原文】

人生一世，草木一春。

黑发不知勤学早，转眼便是白头翁。

月到十五光明少，人到中年万事休。

【解释】

人活一辈子，就像花草树木繁荣，一春一秋，非常短暂。年少时不知道勤学苦读，弹指间就会变成白发老翁。月亮过了十五后光明就会越来越少，人到中年还一事无成，也就不会有大的作为了。

【原文】

儿孙自有儿孙福，莫为儿孙作马牛。

【解释】

儿孙自有儿孙应有的福气，不要替他们当牛做马。

【原文】

人生不满百，常怀千岁忧。

【解释】

人的一生连百岁都难以活到，却经常怀有千年的忧患。

【原文】

今朝有酒今朝醉，明日愁来明日忧。

【解释】

今天有酒今天就一醉方休，明天的忧愁等到明天再说。

【原文】

路逢险处须回避，事到头来不自由。

【解释】

走路遇到危险处尚能回避一下，麻烦事临到头上就由不得自己了。

【原文】

药能医假病，酒不解真愁。

【解释】

药可以治好假病，酒却解除不了真正的忧愁。

【原文】

人贫不语，水平不流。

【解释】

人在贫穷时说话也不多，水在平面上也不会流动。

【原文】

一家养女百家求，一马不行百马忧。

有花方酌酒，无月不登楼。

三杯通大道，一醉解千愁。

【解释】

一家生育了女儿，会有一百家来求亲，一匹马不走，一百匹马都跟着犯愁。有花可赏才可以喝酒，没有明月为伴就不要登楼。三杯酒下肚可以通晓道理，一醉后可以解除各种烦恼忧愁。

【原文】

深山毕竟藏猛虎，大海终须纳细流。

【解释】

深山必然会藏有猛虎，大海终究要容纳细流。

【原文】

惜花须检点，爱月不梳头。

大抵造他肌骨好，不搽红粉也风流。

【解释】

做人不要到处拈花惹草，应洁身自好。只要五官长得好，即使不搽脂抹粉也很漂亮。

【原文】

受恩深处宜先退，得意浓处便可休。

莫待是非来入耳，从前恩爱反成仇。

【解释】

得到恩惠很深时应及早退出身来，春风得意时要及时罢休。千万不要等到是非传入耳内，致使过去的恩爱变成怨仇。

【原文】

留得五湖明月在，不愁无处下金钩。

【解释】

只要五湖明月仍在，就不愁没有地方钓鱼。

【原文】

休别有鱼处，莫恋浅滩头。

去时终须去，再三留不住。

【解释】

不要轻易地离开有鱼的地方，也不要过分地迷恋浅水滩头。该离去的终究要离去，想留也留它不住。

【原文】

忍一句，息一怒；

饶一着，退一步。

【解释】

你若忍住不说一句，就能平息别人的一次愤怒；你饶人一着，别人也会退让一步。

【原文】

三十不豪，四十不富，五十将近寻死路。

生不认魂，死不认尸。

【解释】

人如果到三十岁不自立自强，到四十岁就不会变得富裕起来，到五十岁离死不远更没什么指望了。这个道理很多人态度强硬，死活不承认这一点。

【原文】

一寸光阴一寸金，寸金难买寸光阴。

【解释】

光阴要比黄金还宝贵，因为光阴一去就不会返回，这是无论多少黄金都难以买到的。

【原文】

父母恩深终有别，夫妻义重也分离。

人生似鸟同林宿，大限来时各自飞。

【解释】

父母的恩情再深也有分别的时候，夫妻的情义再重也有离开的时候。人生就像栖息在同一个林子里的鸟，大难临头就会各自飞去。

【原文】

人善被人欺，马善被人骑。

【解释】

善良的人往往被别人欺负，驯服的马总是被人任意乘骑。

【原文】

人无横财不富，马无夜草不肥。

【解释】

人不发横财就不能暴富，马不吃夜草就不会长肥。

【原文】

人恶人怕天不怕，人善人欺天不欺。

善恶到头终有报，只争来早与来迟。

【解释】

恶人们都害怕但天不怕，善良的人被人欺负但天不欺负。无论是行善还是作恶，到头来都会得到报应，区别在于来得早些或迟些而已。

【原文】

黄河尚有澄清日，岂可人无得运时。

【解释】

黄河尚且有澄清的时候，难道人就没有时来运转的那一天。

【原文】

得宠思辱，居安思危。

念念有如临敌日，心心常似过桥时。

【解释】

得宠的时候应考虑到将来可能遭受的耻辱，平安无事时要想到以后可能发生的危险。要像如临大敌一样时刻警惕，像过独木桥一样小心谨慎。

【原文】

英雄行险道，富贵似花枝。

人情莫道春光好，只怕秋来有冷时。

【解释】

英雄豪杰所走的道路充满艰险，荣华富贵如同花枝一样容易凋谢，成为过眼烟云。人情关系并不总是如同春光一样美好，只怕也有像秋天冷冷清清的时候。

【原文】

送君千里，终须一别。

【解释】

朋友送得再远，最后还是得分别。

【原文】

但将冷眼观螃蟹，看你横行到几时。

【解释】

用冷静的眼光来看爬行的螃蟹，看它究竟能横行霸道到什么时候。

【原文】

见事莫说，问事不知。

闲事休管，无事早归。

【解释】

看见什么事也不要说，别人问什么事就说不知道。闲事不要去管，事忙完了就早点回家。

【原文】

假缎染就真红色，也被旁人说是非。

善事可作，恶事莫为。

【解释】

假的绸缎即使染上真的红色，也难免有人说三道四。好事要多做，坏事千万不可为。

【原文】

许人一物，千金不移。

【解释】

答应送给别人的东西，就是有人以千金相换也绝不能反悔。

【原文】

龙生龙子，虎生虎儿。

龙游浅水遭虾戏，虎落平阳被犬欺。

【解释】

龙生龙，虎生虎。龙在浅水中连小虾也敢戏弄，老虎落入平川反被家犬所欺负。

【原文】

一举首登龙虎榜，十年身到凤凰池。

十载寒窗无人问，一举成名天下知。

【解释】

参加一次科举考试就榜上有名，十年苦读，终于可以大展宏图了。寒窗下苦读十年无人问津，一下子成名后天下人都知道。

【原文】

酒债寻常行处有，人生七十古来稀。

养儿防老，积谷防饥。

【解释】

喝酒欠债并非稀罕事，但能活到七十岁的人却不多。养儿是为了年老有所依靠，积储粮食是为了防备饥荒。

【原文】

当家才知盐米贵，养子方知父母恩。

常将有日思无日，莫把无时当有时。

【解释】

当家后才能体会钱财来之不易，有了儿女才能理解父母的养育之恩。生活好了要常想想以前贫困的时候，生活困顿时不要像以前富裕时那样铺张浪费。

【原文】

时来风送滕王阁，运去雷轰荐福碑。

【解释】

运气好时，即使坏的情况也能逢凶化吉，运气不佳时，好的局面也会变坏。

【原文】

入门休问荣枯事，观看容颜便得知。

【解释】

进门时不必问主人近况如何，看看他的脸色表情也就大致知道了。

【原文】

官清书吏瘦，神灵庙祝肥。

【解释】

为官清正廉洁，下面当差的就捞不到油水；庙里的神仙显灵，香客就会络绎不绝，也就养肥了管香火的人。

【原文】

息却雷霆之怒，罢却虎狼之威。

【解释】

平息如雷霆般的怒火，收敛似虎狼般的威风。

【原文】

饶人算之本，输人算之机。

【解释】

能宽恕别人是胜算的根本，多让让别人是胜算的天机。

【原文】

好言难得，恶语易施。

一言既出，驷马难追。

【解释】

获得别人的好评是很难的，说别人的坏话则很容易。说出口的话就要算数，就是四匹马拉的车也追不回来。

【原文】

道吾好者是吾贼，道吾恶者是吾师。

【解释】

吹捧我的人其实是在伤害我，敢于批评我的人却是在爱护我。

【原文】

路逢侠客须呈剑，不是才人莫献诗。

【解释】

行路遇到危险之处应当避开它，文采欠佳的人就不要硬着头皮去献诗。

【原文】

三人行，必有我师焉。

择其善者而从之，其不善者而改之。

【解释】

三个人一起走路，其中必定有可以为我所学习的人。我选取那些优良的方面学习它，对那些不良的方面则加以改正。

【原文】

欲昌和顺须为善，要振家声在读书。

【解释】

若想家庭和睦，就要多做善事；要想振兴家门，就须刻苦读书。

【原文】

少壮不努力，老大徒伤悲。

人有善愿，天必佑之。

【解释】

年轻时不努力学习上进，年老时一事无成，只有独自悲伤了。与人和善，事业才能昌盛。勤奋读书，才能振兴家业，此话有一定道理。

【原文】

莫饮卯时酒，昏昏醉到酉。

莫骂酉时妻，一夜受孤凄。

【解释】

不要在早晨喝酒，不然一天到晚都打不起精神。不要在晚上和妻子吵架，否则一夜都会孤单无人理会。

【原文】

种麻得麻，种豆得豆。

天网恢恢，疏而不漏。

【解释】

种麻得麻，种豆得豆。天网广阔无垠，虽然网孔稀疏，却绝不会有一点遗漏。

【原文】

见官莫向前，做官莫向后。

【解释】

面见当官的不要着急地往前凑，到别人家做客时不要往后退缩。

【原文】

宁添一斗，莫添一口。

【解释】

宁可多添一斗粮食，也不愿家里多添一口人。

【原文】

螳螂捕蝉，岂知黄雀在后。

【解释】

螳螂在捕捉蝉的时候，却未料到黄雀正在它后面。

【原文】

不求金玉重重贵，但愿儿孙个个贤。

【解释】

不追求什么金玉满堂，只图子孙个个都有出息。

【原文】

一日夫妻，百世姻缘。

百世修来同船渡，千世修来共枕眠。

【解释】

一日结为夫妻，这是百世修成的姻缘。夫妻之间应当同舟共济，同床共枕，这是千世修来的福分，要倍加珍惜。

【原文】

杀人一万，自损三千。

伤人一语，利如刀割。

【解释】

杀人一万，自己也要损失三千。说一句伤害别人的话，就像用刀割别人的心一样。

【原文】

枯木逢春犹再发，人无两度再少年。

【解释】

枯木到了春天还能再次发芽，人生却不会有两次少年时光。

【原文】

未晚先投宿，鸡鸣早看天。

【解释】

出门在外，天没黑就应找旅店投宿，天明鸡叫了就要抓紧时间赶路。

【原文】

将相顶头堪走马，公侯肚里好撑船。

【解释】

将相的头顶能跑马，公侯的肚里可行船。

【原文】

富人思来年，贫人思眼前。

【解释】

富人可以想得很长远，穷人却只能考虑眼前的事。

【原文】

世上若要人情好，赊去物件莫取钱。

【解释】

在世上要想图个好人缘，赊欠给别人的东西就不要收钱。

【原文】

生死有命，富贵在天。

【解释】

生死都是命里注定的，富贵都是上天安排的。

【原文】

击石原有火，不击乃无烟。

为学始知道，不学亦枉然。

【解释】

石头相击就会迸出火星，如果不去碰击就不会冒出火来。人只有通过学习才会明白事理，不学什么也不明白。

【原文】

莫笑他人老，终须还到老。

和得邻里好，犹如拾片宝。

但能依本分，终须无烦恼。

【解释】

不要笑话别人很老，自己有一天也会变老。同邻里相处好，就像捡到一块宝贝一样可贵。只要安分守己做人，一生都不会有烦恼。

【原文】

大家做事寻常，小家做事慌张。

大家礼义教子弟，小家凶恶训儿郎。

【解释】

大户人家把做事看得很平常，小户人家做起事来慌

里慌张。大户人家用礼义教导子弟，小户人家只知用恶言训斥儿孙。

【原文】

君子爱财，取之有道。

贞妇爱色，纳之以礼。

【解释】

君子也喜爱钱财，但都是从正当途径得来的。守本分的妇女也喜欢打扮，但要符合礼义规范。

【原文】

善有善报，恶有恶报。

不是不报，日子未到。

【解释】

做好事会有好的报应，干坏事也会有坏的报应。不是不报应，只是时间还没到。

【原文】

万恶淫为首，百行孝当先。

【解释】

各种罪恶之中以淫乱为首，各种行为当中以孝道为先。

【原文】

人而无信，不知其可也。

【解释】

一个人如果不讲信用，真不知道他还能干什么事情。

【原文】

一人道虚，千人传实。

【解释】

一个人说出来的假话，经过很多人传来传去也就变成真事了。

【原文】

凡事要好，须问三老。

若争小可，便失大道。

【解释】

要想办好一件事，必须向德高望重的老人请教。在一些小事上斤斤计较，便会失去更大的东西。

【原文】

家中不和邻里欺，邻里不和说是非。

【解释】

家庭不和睦连邻里都会欺负你，邻里之间不友好就会经常发生口角。

【原文】

年年防饥，夜夜防盗。

【解释】

每年都要防备闹饥荒，每天夜里都要提防盗贼。

【原文】

好学者如禾如稻，不好学者如蒿如草。

【解释】

爱好学习的人如同禾苗稻谷一样都是有用的，不爱学习的人则像蒿草一样没有什么用处，只配当柴火来烧。

【原文】

遇饮酒时须饮酒，得高歌处且高歌。

【解释】

碰到饮酒的机会就大喝一场，有唱歌的机会就放开喉咙高歌一曲。

【原文】

因风吹火，用力不多。

不因渔父引，怎得见波涛。

【解释】

借着风力吹火，无须用太大力气。没有渔翁引导，怎能经风浪开眼界。

【原文】

无求到处人情好，不饮任他酒价高。

【解释】

不随便求助于人，人际关系自然就会好，不喝酒，任凭他酒价再高也无所谓。

【原文】

知事少时烦恼少，识人多处是非多。

【解释】

知道的事情少烦恼自然也会少，认识的人多招惹的是非也会多。

【原文】

世间好语书说尽，天下名山僧占多。

入山不怕伤人虎，只怕人情两面刀。

【解释】

人世间的好话全让书本给说尽了，天下的名山大半被寺庙所占据了。上山不怕伤害人的老虎，就怕人际关系中那些两面三刀的阴险小人。

【原文】

强中更有强中手，恶人终受恶人磨。

【解释】

强者上面还有更强的人，坏人自会有更坏的人来对付他。

【原文】

会使不在家豪富，风流不在着衣多。

【解释】

善于使用的人不在于家里有多少财富，风流的人不在于穿很多华丽的衣服。

【原文】

光阴似箭，日月如梭。

天时不如地利，地利不如人和。

【解释】

时机好，不如地理条件好；地理条件好，不如与别人相互团结好。

【原文】

黄金未为贵，安乐值钱多。

【解释】

黄金算不上宝贵，只有平安快乐的生活才是最珍贵的。

【原文】

万般皆下品，唯有读书高。

【解释】

世间一切行业都是低下的，只有读书做官才是最高贵的。

【原文】

为善最乐，为恶难逃。

【解释】

经常做好事使人快乐，一旦做坏事罪责难逃。

【原文】

羊有跪乳之恩，鸦有反哺之义。

孝顺还生孝顺子，忤逆还生忤逆儿。

不信但看檐前水，点点滴在旧窝池。

【解释】

小羊跪着吃奶以报答母亲的恩情，小乌鸦有对老乌

鸦反哺的情义。孝顺的人生的孩子也孝顺，不顺从的人生的孩子也是逆子。不信就看屋檐流下的水，一点一滴都流在以前的坑里。

【原文】

隐恶扬善，执其两端。

【解释】

不说别人的坏处，多说别人的好处，要记住这两点。

【原文】

妻贤夫祸少，子孝父心宽。

【解释】

妻子贤惠，丈夫的灾祸就很少；儿子孝顺，父亲的心地就很宽畅。

【原文】

人生知足何时足，到老偷闲且是闲。

但有绿杨堪系马，处处有路透长安。

【解释】

人生没有满足的时候，何不在年老时忙里偷闲颐养天年。只要有绿树就能拴住马，到处有路可通往长安。

【原文】

既坠釜甑，反顾何益？

已覆之水，收之实难。

【解释】

瓦罐已经掉在地上打碎了，再回头看还有什么意义呢？已经泼在地上的水，再收起来实在太难。

【原文】

见者易，学者难。莫将容易得，便作等闲看。

【解释】

在旁边看别人做觉得很容易，一旦真正学起来就感觉很难。不要把轻易得到的东西看得很平常。

【原文】

用心计较般般错，退步思量事事宽。

【解释】

用心算计别人反而时时出错，退一步考虑事情路就会很宽。

【原文】

道路各别，养家一般。

从俭入奢易，从奢返俭难。

【解释】

每个人所走的道路虽不一样，但目的都是养家糊口。由俭朴到奢侈很容易，由奢侈再回到俭朴就难了。

【原文】

知音说与知音听，不是知音莫与弹。

【解释】

知心的话只能说给知心人来听，不是知心人就不要和他谈。

【原文】

点石化为金，人心犹未足。

【解释】

就是点石成金，人的欲望还是无法满足。

【原文】

信了肚，卖了屋。

【解释】

整天吃香的、喝辣的，即便卖了房子也满足不了。

【原文】

谁人不爱子孙贤，谁人不爱千钟粟，奈五行，不是这般题目。

【解释】

谁不喜欢自己的后代有出息，谁不希望家里藏有大量的粮米，可是“仁、义、礼、智、信”这五行中并不包括这些。

【原文】

莫把真心空计较，儿孙自有儿孙福。

【解释】

别为子孙们的前途枉费心机，他们自有他们的福气。

【原文】

天下无不是的父母，世上最难得者兄弟。

【解释】

天下没有不好的父母，世上最难得的是骨肉兄弟。

【原文】

与人不和，劝人养鹅；

与人不睦，劝人架屋。

【解释】

与人合不来，就劝人家养鹅；跟人不和睦，就劝人重新造屋。

【原文】

但行好事，莫问前程。

不交僧道，便是好人。

【解释】

只要多做好事就行了，别问自己的前程如何。不与僧人道士交往，就是好人。

【原文】

河狭水激，人急计生。

明知山有虎，莫向虎山行。

【解释】

河道窄了水流自然就急，人处在危急时刻自然会想出办法来。既然知道山中有猛虎，就不要再上山了。

【原文】

路不铲不平，事不为不成；

人不劝不善，钟不敲不鸣。

【解释】

道路不铲不修就不会平坦，事情如果不去做就不会成功；人不劝导不会学好，就像钟不敲打不会响一样。

【原文】

无钱方断酒，临老始看经。

【解释】

没钱的时候才想到戒酒，年纪老了才开始读经书，这时候已经晚了。

【原文】

点塔七层，不如暗处一灯。

【解释】

把七层宝塔的灯都点亮，不如在黑暗处点亮一盏灯。

【原文】

堂上二老是活佛，何用灵山朝世尊。

【解释】

堂上二老双亲就是活菩萨，何必非要远去灵山朝拜。

【原文】

万事劝人休瞒昧，举头三尺有神明。

【解释】

凡事奉劝人们不要欺瞒别人，一举一动神灵都知道得一清二楚。

【原文】

但存方寸土，留与子孙耕。

灭却心头火，剔起佛前灯。

【解释】

要留下适当的田地，供给子孙们耕种，以自食其力。要熄灭心头的怒火，点亮佛前的青灯。

【原文】

惺惺常不足，懞懞作公卿。

【解释】

聪明能干的人常常不如意，稀里糊涂的人竟然做了高官。

【原文】

众星朗朗，不如孤月独明。

兄弟相害，不如友生。

【解释】

众多的星星再耀眼，也比不上一个月亮明亮。兄弟间若互相残害，还不如同学朋友。

【原文】

合理可作，小利莫争。

【解释】

合情合理的事可以做，蝇头小利就不要去争夺了。

【原文】

牡丹花好空入目，枣花虽小结实成。

【解释】

牡丹花虽好但只能供观赏，枣花虽小却能结出果实。

【原文】

欺老莫欺少，欺少心不明。

【解释】

宁可欺负大人，不要欺负小孩子，欺负小孩子是不明事理。

【原文】

随分耕锄收地利，他时饱暖谢苍天。

【解释】

按照农时来种植收获庄稼，吃饱穿暖时别忘了感谢苍天。

【原文】

得忍且忍，得耐且耐；

不忍不耐，小事成大。

【解释】

凡事要冷静，能忍耐就忍耐；不能忍耐就会把小事弄成大事。

【原文】

相论逞英豪，家计渐渐消。

【解释】

彼此间高谈阔论，相互逞能，家道也将逐渐衰落下去。

【原文】

贤妇令夫贵，恶妇令夫败。

【解释】

贤惠的妻子能使丈夫变得荣华富贵，不贤惠的妻子将使丈夫一败涂地。

【原文】

一人有庆，兆民咸赖。

【解释】

一个人做出了善绩，许多人都会对他有所依赖。

【原文】

人老心不老，人穷志不穷。

【解释】

人老了但壮心不能老，人虽穷但志气不能穷。

【原文】

人无千日好，花无百日红。

【解释】

人不可能总是一帆风顺，花不可能常开不败。

【原文】

杀人可恕，情理难容。

【解释】

杀人有时可以宽恕，伤情害理却让人难以容忍。

【原文】

乍富不知新受用，乍贫难改旧家风。

座上客常满，杯中酒不空。

【解释】

一夜之间暴富起来，会不知道如何享用；一下子贫穷下来，过去的优裕生活方式也很难改变。家中经常宾朋满座，杯中的酒从没有空过。

【原文】

屋漏更遭连夜雨，行船又遇打头风。

【解释】

屋子本来就漏，却又遭到连夜大雨；行船本就困难，偏又碰上迎头风。

【原文】

笋因落箨方成竹，鱼为奔波始化龙。

记得少年骑竹马，看看又是白头翁。

【解释】

笋因为不断掉皮才成为竹子，鱼只有长途奔波后才能变成龙。还记得小时候一起骑竹马的情景，现在相看都已成白发老翁。

【原文】

礼义生于富足，盗贼出于赌博。

【解释】

生活富足了才会懂得礼义之道，赌博成风容易生出盗贼。

【原文】

天上众星皆拱北，世间无水不流东。

【解释】

天上的星星都围绕着北极星而运转，世上没有江河不向东流入海的。

【原文】

君子安贫，达人知命。

【解释】

君子能够安于贫穷，贤达的人知晓天命。

【原文】

良药苦口利于病，忠言逆耳利于行。

【解释】

好药虽苦却有利于治病，忠言虽然不好听却对人的行为大有益处。

【原文】

顺天者存，逆天者亡。

人为财死，鸟为食亡。

【解释】

顺从天意者就可以生存，违背天意者就必然会灭亡。人为抢夺钱财而死，鸟为觅取食物而亡。

【原文】

夫妻相和好，琴瑟与笙簧。

【解释】

夫妻之间和睦相处，就像琴瑟与笙簧一样音韵和谐。

【原文】

有儿穷不久，无子富不长。

善必寿考，恶必早亡。

【解释】

有了儿子，贫穷不会长久；没有儿子，富贵也不会长久。积善崇德必然长寿，常做坏事一定早死。

【原文】

爽口食多偏作病，快心事过恐生殃。

【解释】

美味佳肴吃得太多反而要生病，高兴的事做得过头了恐怕要出祸患。

【原文】

富贵定要依本分，贫穷不必再思量。

【解释】

富贵后一定要安分守己，贫穷时不要产生非分之想。

【原文】

画水无风空作浪，绣花虽好不闻香。

【解释】

画中之水空有滔天波浪，却听不见风声阵阵；布上绣出的花朵虽然好看，但闻不到半点花香。

【原文】

贪他一斗米，失却半年粮；

争他一脚豚，反失一肘羊。

【解释】

贪图他人一斗米，却失去了半年的口粮；拿了别人

的一个猪蹄，反而失掉了一个羊肘子。

【原文】

龙归晚洞云犹湿，鹿过春山草木香。

平生只会说人短，何不回头把己量。

【解释】

龙在夜晚归洞时云彩还是湿的，麝走过的山地连草木都带有香味。有的人平时只会挑别人的短处，为什么不找找自身的缺点呢？

【原文】

见善如不及，见恶如探汤。

【解释】

看见好人好事，唯恐自己赶不上；看到坏人坏事，就像手碰到沸水一样，赶紧避开。

【原文】

人穷志短，马瘦毛长。

【解释】

人贫穷了志气也就没有了，马瘦了毛也会长起来。

【原文】

自家心里急，他人不知忙。

贫无达士将金赠，病有高人说药方。

【解释】

自己的事情自己心里最着急，别人不知道，不会着急的。人穷了不会有人仗义送你钱财，生病时倒是有人告诉治病的良方。

【原文】

触来莫与竞，事过心清凉。

秋至满山多秀色，春来无处不花香。

【解释】

当人触犯了你的时候，不要与他计较，事情过后心境自然会平静下来。秋天到了，漫山遍野都是秀丽的景色；春天来了，到处弥漫着醉人的花香。

【原文】

凡人不可貌相，海水不可斗量。

【解释】

衡量一个人不可凭相貌来判定，就像海水不能用斗来量一样。

【原文】

清清之水为土所防，济济之士为酒所伤。

【解释】

多少洪水为沙土所阻塞，多少志士豪杰为酒所伤害。

【原文】

蒿草之下还有兰香，

茅茨之屋或有侯王。

【解释】

蒿草的下面可能生长着兰草；茅屋里边可能住着将

来的王侯将相。

【原文】

无限朱门生饿殍，几多白屋出公卿。

【解释】

许多豪门权贵之家生出一些无能之辈，多少贫穷之家却生出了达官贵人。

【原文】

醉后乾坤大，壶中日月长。

万事皆已定，浮生空白忙。

【解释】

人喝醉后会感到天地无限广阔，会觉得时间很漫长。既然万事上天都已定好，何必再去漂泊他乡空自忙碌呢？

【原文】

千里送鹅毛，礼轻仁义重。

【解释】

不远千里送一根鹅毛，礼物虽轻，情谊却很深重。

【原文】

世事明如镜，前程暗似漆。

【解释】

世上的事都很明了，但个人的前程却很暗淡

【原文】

架上碗儿轮流转，媳妇自有做婆时。

【解释】

架上的碗碟可以不分先后轮流使用，再年轻的媳妇也有熬到做婆婆的那一天。

【原文】

人生一世，如驹过隙。

【解释】

人生一世，就像白驹过隙，瞬间即逝。

【原文】

良田万顷，日食三升，

大厦千间，夜眠八尺。

【解释】

家有万顷良田，每天也只不过吃几升米；即使有千间广厦，夜里睡觉也只占去八尺长的一小块地方。

【原文】

千经万典，孝弟为先。

【解释】

所有的经典，都以忠孝仁义为先。

【原文】

一字入公门，九牛拔不出。

【解释】

老百姓一旦吃官司进了衙门，再也休想平安地出来了。

【原文】

八字衙门向南开，有理无钱莫进来。

【解释】

虽然官衙的大门向南敞开着，奉劝那些空有理而没有钱的人还是不要进来吧。

【原文】

富从升合起，贫因不算来。

【解释】

富贵是由一点一滴积累起来的，贫穷都是由于不会精打细算而造成的。

【原文】

万事不由人计较，一生都是命安排。

【解释】

天下的万事都不是人为所能预见的，都是命里安排的。

【原文】

家无读书子，官从何处来？

【解释】

家中人都不读书求学，怎么会有做官的人呢？

【原文】

人间私语，天闻若雷；

暗室亏心，神目如电。

【解释】

背地里讲的悄悄话，上天听得清清楚楚；暗地里做的亏心事，神明看得明明白白。

【原文】

一毫之恶，劝人莫作；

一毫之善，与人方便。

欺人是祸，饶人是福；

天眼昭昭，报应甚速。

【解释】

即便最细小的坏事，也要劝人不要做；任何与人有利的好事，都要尽力去做。欺负别人会给自己带来灾祸，宽恕他人能给自己带来福分；上天都明白清楚，人的所作所为会很快得到相应的好与坏的报应。

【原文】

圣贤言语，神钦鬼服。

【解释】

圣贤的言语，即便鬼神听到都很钦佩。

【原文】

人各有心，心各有见。

口说不如身逢，耳闻不如目见。

【解释】

每个人都有自己的心思，都有自己的主见。口里说出来不如亲身经历过，只是听说不如亲眼所见。

【原文】

养兵千日，用兵在一时。

【解释】

长期供养训练军队，就是为了防止一旦爆发战争。

【原文】

国清才子贵，家富小儿娇。

【解释】

国家清明，读书人才会得到重视；家境富裕，小孩子容易娇生惯养。

【原文】

利刀割体疮犹合，恶语伤人恨不消。

【解释】

利刀伤了身体伤口还容易愈合，恶语一旦伤了人怨恨就不易消除。

【原文】

有钱堪出众，无衣懒出门。

【解释】

有钱的人愿意在人前显示，而没有好衣服穿的人都懒得出门。

【原文】

公道世间唯白发，贵人头上不曾饶。

【解释】

只有人们头上的白发，才最为公道，就是贵族富人，它也一视同仁，绝不放过他。

【原文】

为官须作相，及弟必争先。

【解释】

做官就要做到宰相，科举考试就要争取名列前茅。

【原文】

苗从地发，枝由树分。

父子亲而家不退，兄弟和而家不分。

【解释】

禾苗从地里长出来，树枝从树干上分出来，这是自然而然的事。父子和睦家道不会衰退，兄弟团结就不会闹分家。

【原文】

官有公法，民有私约。

【解释】

国家有国家的法律，民间自有民间的契约。

【原文】

闲时不烧香，急时抱佛脚。

【解释】

平常无事的时候不烧香拜佛，紧急关头时却想起求佛祖保佑。

【原文】

幸生太平无事日，恐逢年老不多时。

【解释】

很幸运生在了太平盛世，唯恐到了老年，这样的太平日子就不会多了。

【原文】

国乱思良将，家贫思贤妻。

【解释】

国家战乱就会祈求良将来平息战火，家境贫困就希望有个贤妻来料理家事。

【原文】

池塘积水须防旱，田土深耕足养家。

【解释】

池塘里蓄满水是为了防旱，土地深耕细作是为了多打粮食来养家糊口。

【原文】

根深不怕风摇动，树正何愁月影斜。

【解释】

树根扎得深就不怕大风摇动，树干长得直就不怕地上的影子斜。

【原文】

学在一人之下，用在万人之上。

一字为师，终身如父。

【解释】

从一个人那里学到的东西，可以应用在千万人身上。即使老师仅教会你点滴知识，也要终身像对待父亲那样尊敬他。

【原文】

忘恩负义，禽兽之徒。

【解释】

忘恩负义之人，只能与禽兽为伍。

【原文】

戏君莫将油炒菜，留与儿孙夜读书。

书中自有千钟粟，书中自有颜如玉。

【解释】

奉劝家长们不要用大量的油炒菜，还是留给儿孙们夜间读书点灯之用吧。读书可以让人获得千钟粟米，读书可以让人得到如玉般美貌的妻子。

【原文】

莫恕天来莫恕人，五行八字命生成。

莫怨自己穷，穷要穷得干净；

莫羡他人富，富要富得清高。

【解释】

不要怨天尤人，人生都是命中注定的。不要埋怨自己贫穷，穷要穷得有气节；不要羡慕他人富贵，富要富得纯洁高尚。

【原文】

别人骑马我骑驴，仔细思量我不如，

等我回头看，还有挑脚汉。

【解释】

他人骑大马我骑毛驴，仔细想想，我不如他，回头

看了一下，还有不如我徒步肩挑的人呢。

【原文】

路上有饥人，家中有剩饭。

积德与儿孙，要广行方便。

【解释】

有讨饭者经过门前，家中如果有些剩饭，当为子孙积德，行些方便，把食物送给他们吃。

【原文】

作善鬼神钦，作恶遭天谴。

【解释】

做善事连鬼神都很钦佩，做坏事必会遭到老天的谴责。

【原文】

积钱积谷不如积德，买田买地不如买书。

【解释】

积攒钱粮不如多积阴德，买田买地不如多买书籍。

【原文】

一日春工十日粮，十日春工半年粮。

疏懒人没吃，勤俭粮满仓。

【解释】

只有抓紧时间进行春耕，才能收获到更多的粮食。懒散的人经常会缺吃少穿，勤劳节俭的人则会吃穿不愁。

【原文】

人亲财不亲，财利要分清。

【解释】

即使亲人之间，钱财利益也要分清楚。

【原文】

十分伶俐使七分，常留三分与儿孙；

若要十分都使尽，远在儿孙近在身。

【解释】

有十分的聪明用上七分就行了，留几分给儿孙吧，如果十分聪明都用尽了，那就会聪明反被聪明误，近处讲会误了自己，远处讲会殃及子孙后代。

【原文】

君子乐得做君子，小人枉自做小人。

【解释】

高尚的君子自愿高尚，卑鄙的小人自甘卑鄙。

【原文】

好学者则庶民之子为公卿，

不好学者则公卿之子为庶民。

【解释】

好学的人即使是平民之子，将来也可以做大官；不好学的人即使是公侯之子，日后也会破落成为平民的。

【原文】

惜钱莫教子，护短莫从师。

【解释】

爱惜钱财，就不会教育好自己的子女；庇护子女的缺点，就不要让他们向老师学习。

【原文】

记得旧文章，便是新举子。

【解释】

能背诵并弄懂圣贤们的文章的人，就能考取为新的举人。

【原文】

人在家中坐，祸从天上落。

【解释】

人在倒霉时即使待在家里不出门，也会大难临头。

【原文】

但求心无愧，不怕有后灾。

【解释】

如果凡事做到问心无愧，就不怕日后有灾难来临。

【原文】

只有和气去迎人，那有相打得太平？

【解释】

只有和和气气地去对待周围的人，才能过上安稳日子，经常打打骂骂哪有太平日子可过呢？

【原文】

忠厚自有忠厚报，豪强一定受官刑。

【解释】

忠厚老实的人自然会有好的回报，巧取豪夺的人日后必定会受到官刑。

【原文】

人到公门正好修，留些阴德在后头。

【解释】

人进了官府后正好可以修身养德，为自己的后代积一些阴德吧。

【原文】

为人何必争高下，一旦无命万事休。

【解释】

做人何必非要争出谁高谁低呢？一旦失去性命就什么都完了。

【原文】

山高不算高，人心比天高。

白水变酒卖，还嫌猪无糟。

【解释】

山再高也没有天高，但人心有时却比天还高，把白水当酒卖给别人，还埋怨自家猪没酒糟吃。

【原文】

贫寒休要怨，富贵不须骄。

善恶随人作，祸福自己招。

【解释】

家里贫寒不要怨天尤人，家中富贵切勿骄傲自满。好事坏事是自己做出的，是祸是福是自己招来的。

【原文】

奉劝君子，各宜守己；

只此呈示，万无一失。

【解释】

奉劝天下的君子们，做事都要安分守己，要是能做到上面所说的一切，就可以保证你万无一失。

幼学琼林

卷　一

天 文

【原文】

混沌初开，乾坤始奠。

气之轻清上浮者为天，气之重浊下凝者为地。

日月五星，谓之七政；天地与人，谓之三才。

日为众阳之宗，月乃太阴之象。

虹名䗖蝀，乃天地之淫气；月里蟾蜍，是月魄之精光。

风欲起而石燕飞，天将雨而商羊舞。

旋风名为羊角，闪电号曰雷鞭。

青女乃霜之神，素娥即月之号。

雷部至捷之鬼曰律令，雷部推车之女日阿香。

云师系是丰隆，雪神乃是滕六。

欻火谢仙，俱掌雷火；飞廉箕伯，悉是风神。

列缺乃电之神，望舒是月之御。

甘霖甘澍，俱指时雨；玄穹彼苍，悉称上天。

雪花飞六出，先兆丰年；日上已三竿，乃云时晏。

蜀犬吠日，比人所见甚稀；吴牛喘月，笑人畏惧过甚。

望切者，若云霓之望；恩深者，如雨露之恩。

参商二星，其出没不相见；牛女两宿，惟七夕一相逢。

后羿妻，奔月宫而为嫦娥；傅说死，其精神托于箕尾。

披星戴月，谓早夜之奔驰；沐雨栉风，谓风尘之劳苦。

事非有意，譬如云出无心；恩可遍施，乃曰阳春有脚。

馈物致敬，曰敢效献曝之忱；托人转移，曰全赖回天之力。

感救死之恩曰再造；诵再生之德曰二天。

势易尽者若冰山，事相悬者如天壤。

晨星谓贤人寥落，雷同谓言语相符。

心多过虑，何异杞人忧天；事不量力，不殊夸父追日。

如夏日之可畏，是谓赵盾；如冬日之可爱，是谓赵衰。

齐妇含冤，三年不雨；邹衍下狱，六月飞霜。

父仇不共戴天，子道须当爱日。

盛世黎民，嬉游于光天化日之下；太平天子，上召夫景星庆云之祥。

夏时大禹在位，上天雨金；《春秋》《孝经》既成，赤虹化玉。

箕好风，毕好雨，比庶人愿欲不同；风从虎，云从龙，比君臣会合不偶。

雨旸时若，系是休征；天地交泰，斯称盛世。

【注释】

混沌初开，乾坤始奠。混沌：天地未形成之前的元气状态。

气之较清上浮者为天，气之重浊下凝者为地。气：指元气。凝：结也。

日月五星，谓之七政；天地与人，谓之三才。五星：指金、木、水、火、土五星。三才：三种有能力的事物。古人认为，天能覆物，地能载物，而人是万物之灵。

日为众阳之宗，月乃太阴之象。宗：宗主，主宰。象：仪象。

虹名䗖蝀，乃天地之淫气；月里蟾蜍，是月魄之精光。䗖蝀：音地东。蟾蜍：传说后羿请不死药于西王母，其妻嫦娥窃而食之，奔月宫，遂化为蟾蜍。

风欲起而石燕飞，天将雨而商羊舞。石燕：零陵山之石燕，遇风雨即飞，雨止复变为石头。商羊：鸟名，传说只有一只。

旋风名为羊角，闪电号曰雷鞭。羊角：《庄子》“有鸟名鹏，翼若垂天之云抟扶摇羊角而上者九万里”。雷鞭：《淮南子》“雷以电为鞭，电光照处，谓之裂缺”。

青女乃霜之神，素娥即月之号。素娥：即嫦娥。

雷部至捷之鬼曰律令，雷部推车之女曰阿香。律令：《搜神记》“律令，周穆王时人，善走，死为雷部之鬼”。阿香：雷部推车之鬼。

云师系是丰隆，雪神乃是滕六。

焱(右加欠)火、谢仙，俱掌雷火；飞廉、箕伯，悉是风神。焱(右加欠)：雷火之作，因风而起，故雷部之鬼称为焱火。飞廉：神禽，能致风，鹿身，头如雀，有角，蛇尾豹纹。箕伯：《文苑》载：“风伯名言道彰，一曰即箕星也。”

列缺乃电之神，望舒是月之御。列缺：闪电之神。望舒：《淮南子》“月御曰望舒”。

甘霖、甘澍，俱指时雨；玄穹、彼苍，悉称上天。时雨：应时之雨。《尔雅》“久旱而雨曰甘霖，久雨不止曰愁霖，时雨澍生万物曰甘澍。玄：黑。苍：青。

雪花飞六出，先兆丰年；日上已三竿，乃云时晏。六出：指雪花六角形。时晏：时候不早了。

蜀犬吠日，比人所见甚稀；吴牛喘月，笑人畏惧过甚。蜀地高山雾大，见日时少，每至日出，则群犬疑而吠之。吴地的水牛极畏热，见到月亮疑是太阳，所以气急而喘。

望切者，若云霓之望；恩深者，如雨露之恩。霓是彩红。云兴而雨至，霓见而雨止。所以久旱不雨时，人们渴望见到云彩，但担心霓的出现。雨露：古人认为夜气之露是上天降下的祥瑞。

参商二星，其出没不相见；牛女两宿，惟七夕一相逢。参商：传说他们是古代高辛氏的两个儿子，因争斗不已，被安排在两个不能相见的位置上。

后羿妻，奔月宫而为嫦娥；傅说死，其精神托于箕尾。傅说：商朝的大臣。箕尾：两个星宿名。传说傅说死后精神寄托在箕尾两个星宿之间。

披星戴月，谓早夜之奔驰；沐雨栉风，谓风尘之劳苦。沐雨：雨水洗淋头。栉（音至）风：风梳其髻。风尘：路途。

事非有意，譬如云出无心；恩可遍施，乃曰阳春有脚。唐代宋璟爱护百姓，人们称其为有脚阳春，谓其走到哪里，就把春天带到哪里。

馈物致敬，曰敢效献曝之忱；托人转移，曰全赖回天之力。献曝：古代有个农民冬天晒太阳觉着十分舒服，就去献给国君请赏。喻礼物虽不好，但态度很诚恳。

感救死之恩，曰再造；诵再生之德，曰二天。二天：喻头上两个天作主。

势易尽者若冰山，事相悬者如天壤。

晨星谓贤人寥落，雷同谓言语相符。雷同：雷发声，物无不同时应者。

心多过虑，何异杞人忧天；事不量力，不殊夸父追日。夸父追赶太阳，半途渴死。

如夏日之可畏，是谓赵盾；如冬日之可爱，是谓赵衰。晋国大夫赵盾，是赵衰的儿子。有人评价他们父子说：赵衰像冬天的太阳那样可爱，赵盾像夏天的太阳那样可怕。

齐妇含冤，三年不雨；邹衍下狱，六月飞雪。齐地孝妇窦氏被诬谋杀婆婆，太守处死了她，东海因此三年大旱不雨。邹衍：战国时人，燕惠王听住谗言把邹衍抓进监狱，邹衍受冤枉而爷天大哭，天降大雪。

父仇不共戴天，子道须当爱日。爱日：意为子女侍奉父母的时光有限，应该珍惜时光。

盛世黎民，嬉游于光天化日之下；太平天子，上召夫景星庆云之祥。景星：一名德星，君王德政，景星就会出现。庆云：五彩祥云。

夏时大禹在位，上天雨金；《春秋》《孝经》既成，赤虹化玉。《史记》载：大禹治水成功后，天雨金

三日，又雨稻三日三夜。孔子完成《孝经》后，赤虹从天而降化为黄玉，长三尺，上有刻文，孔子跪而受之。

箕好风，毕好雨，比庶人愿欲不同；风从虎，云从龙，比君臣会合不偶。箕，毕：二星宿名。古人认为它们一个与风对应，一个和雨对应，正象征人们的愿望各不相同。

雨旸时若，系是休徵；天地交泰，称斯盛世。雨旸时若：下雨和出太阳都顺应时令。旸：音阳，日出。若：顺从。休徵：美好的征兆。

地 舆

【原文】

黄帝画野，始分都邑；夏禹治水，初奠山川。

宇宙之江山不改，古今之称谓各殊。

北京原属幽燕，金台是其异号；南京原为建业，金陵又是别名。

浙江是武林之区，原为越国；江西是豫章之地，又曰吴皋。

福建省属闽中，湖广地名三楚。

东鲁西鲁即山东山西之分；东粤西粤乃广东广西之域。

河南在华夏之中，故曰中州；陕西即长安之地，原为秦境。

四川为西蜀，云南为古滇。

贵州省近蛮方，自古名为黔地。

东岳泰山，西岳华山，南岳衡山，北岳恒山，中岳嵩山，此为天下之五岳；饶州之鄱阳，岳州之青草，润州之丹阳，鄂州之洞庭，苏州之太湖，此为天下之五湖。

金城汤池，谓城池之巩固；砺山带河，乃封建之誓盟。

帝都曰京师，故乡曰梓里。

蓬莱弱水，惟飞仙可渡；方壶员峤，乃仙子所居。

沧海桑田，谓世事之多变；河清海晏，兆天下之升平。

水神曰冯夷，又曰阳侯，火神曰祝融，又曰回禄。

海神曰海若，海眼曰尾闾。

望人包容曰海涵；谢人恩泽曰河润。

无系累者曰江湖散人；负豪气者曰湖海之士。

问舍求田，原无大志；掀天揭地，方是奇才。

凭空起事，谓之平地风波；独立不移，谓之中流砥柱。

黑子弹丸，极言至小之邑；咽喉右臂，皆言要害之区。

独立难持，曰一木焉能支大厦；英雄自恃，曰丸泥亦可封函关。

事先败而后成，曰失之东隅，收之桑榆；事将成而终止，曰为山九仞，功亏一篑。

以蠡测海，喻人之见小；精卫衔石，比人之徒劳。

跋涉谓行路艰难，康庄谓道路平坦。

硗地曰不毛之地，美田曰膏腴之田。

得物无所用，曰如获石田；为学已大成，日诞登道岸。

淄渑之滋味可辨，泾渭之清浊当分。

泌水乐饥，隐居不仕；东山高卧，谢职求安。

圣人出则黄河清，太守廉则越石见。

美俗曰仁里，恶俗曰互乡。

里名胜母，曾子不入；邑号朝歌，墨翟回车。

击壤而歌，尧帝黎民之自得；让畔而耕，文王百姓之相推。

费长房有缩地之方，秦始皇有鞭石之法。

尧有九年之水患，汤有七年之旱灾。

商鞅不仁而阡陌开，夏桀无道而伊洛竭。

道不拾遗，由在上有善政；海不扬波，知中国有圣人。

【注释】

黄帝画野，始分都邑；夏禹治水，初奠山川。相传黄帝最早将中国划分为若干区域。

宇宙之江山不改，古今之称谓各殊。宇：上下四方。宙：古往今来。

北京原属幽燕，金台是其异号；南京原为建业，金陵又是别名。

浙江是武林之区，原为越国；江西是豫章之地，又曰吴皋。福建省属闽中，湖广地名三楚。三楚：即东楚，西楚，南楚，湖广地区别号三楚。

东鲁西鲁，即山东山西之分；东粤西粤，乃广东广西之域。

河南在华夏之中，放曰中州；陕西即长安之地，原为秦境。

四川为西蜀，云南为古滇。滇：音颠。

贵州省近蛮方，自古名为黔地。

东岳泰山，西岳华山，南岳衡山，北岳恒山，中岳嵩山，此为天下之五岳。

饶州之鄱阳，岳州之青草，润州之丹阳，鄂州之洞庭，苏州之太湖，此为天下之五湖。五湖：其中的鄱阳湖、洞庭湖，太湖现仍在。青草湖已与洞庭湖连在一起，丹阳湖逐渐淤塞。

金城汤池，谓城池之巩固；砺山带河，乃封建之誓盟。汉高祖封功臣，盟誓说："黄河如带，夫山如砺，国以永宁，爰及苗裔。"

帝都曰京师，故乡曰梓里。古人房前屋后种植桑树或梓树，后来就用桑梓代表家乡。

蓬莱弱水，惟飞仙可渡；方壶圆峤，乃仙子所居。蓬莱，方壶，圆峤：传说中东海之仙山。

沧海桑田，谓世事之多变；河清海晏，兆天下之升平。河：指黄河。晏：安宁。

水神曰冯夷，又曰阳侯，火神曰祝融，又曰回禄。海神曰海若，海眼曰尾闾。冯夷：传说是轩辕之子，死后为水神。又天帝署其为河伯，故称阳侯。祝融：伏羲时有祝融氏，以火为纪，名赤帝。海眼：《十洲记》记载海中叫尾间的地方，有一块石头圆四万里，海水全部从下面流走。

望人包容，曰海涵；谢人恩泽，曰河润。河润：黄河水可以滋润周围广大的地区。

无系累者，曰江湖散人；负豪气者，曰湖海之士。唐代陆龟蒙常乘小船，载着书、茶、灶、笔、床、钓具，往来烟波之上，号曰“江湖散人”。湖海之士：汉代陈登，狂傲有豪气，被许汜称为“湖海之士”。

问舍求田，原无大志；掀天揭地，方是奇才。问安居之宅，求腴颊之四，故胸无大志。

凭空起事，谓之平地风波；独立不移，谓之中流砥柱。砥柱：黄河三门峡中的一座石山，立在黄河激流之中。

黑子弹丸，漫言至小之邑；咽喉右臂，皆言要害之区。黑子：黑痣。弹丸：弹弓用的泥丸。

独立难持，曰一木焉能支大厦；英雄自恃，曰丸泥亦可封函关。

事先败而后成，曰失之东隅，收之桑榆；事将成而终止，曰为山九仞，功亏一篑。东隅：太阳升起的地方。桑榆：太阳落山后余光照在树上，因此用桑榆表示

日落的地方。仞：古代七尺为一仞。九极言其高。篑：盛土的筐。

以蠡测海，喻人之见小；精卫衔石，比人之徒劳。蠡：用葫芦做的瓢。《东方塑传》有“以管窥天，以蠡测海”。精卫：《山海经》记载，炎帝之女溺死于东海，化为精卫鸟，常衔西山之木石欲填平东海。

跋涉谓行路艰难，康庄谓道路平坦。跋：登山。涉：过河。康庄：《尔雅》有“五达谓之康，六达谓之庄”。

硗地曰不毛之地，美田曰膏腴之田。硗：音悄，土地坚硬而瘠薄。膏腴：膏是油脂，腴是肥肉。

得物无所用，曰如获石田；为学已大成，曰诞登道岸。岸：指学业，真理的彼岸。

淄渑之滋味可辨，泾渭之清浊当分。淄渑：指淄水，渑水，都流经山东。传说齐国易牙善烹调，能够分辨出淄水和渑水的滋味。泾渭：指泾水，渭水，都流经陕西。泾水清澈，渭水混浊，合流三百余里，水之清沌不杂。

泌水乐饥，隐居不仕；东山高卧，谢职求安。泌水：涌出的泉水。《诗经》有“泌之洋洋，可以乐饥”。东晋谢安年轻时在会稽之东山筑屋居住，朝廷征召不至，人称其高卧东山。

圣人出则黄河清，太守廉则越石见。传说黄河五百年变清一次。越石见：传说福州城东有越王石，平常隐没在云雾里，太守中贪婪的都不能见到它，只有五代宋时晋安太守虞愿公正廉明，越王石才出现。

美俗曰仁里，恶俗曰互乡。仁里：有仁厚风俗的乡里。互乡：交相为恶之乡。

里名胜母，曾子不入；邑号朝歌，墨翟回车。曾子：曾参，古代孝子。曾参到了胜母里，认为里名不孝，就没有进去。墨翟：他来到朝歌城，认为名字不好，就驾车返回。

击壤而歌，尧帝黎民之自得；让畔而耕，文王百姓之相推。让畔而耕：传说文王治理的地区，风俗仁义，耕田的人互相推让田界。畔：田界。

费长房有缩地之方，秦始皇有鞭石之法。《神仙传》中说，费长房向壶公学习道术，壶公问他想学什么，费说，要把全世界都看遍，壶公就给他一根缩地鞭，想到哪里，就可用缩地鞭缩到眼前。《三齐略》中说，秦始皇欲渡东海观日出，有神鞭石作桥，石头行动不迅速，神人用鞭子抽得石头流血。

尧有九年之水患，汤有七年之旱灾。

商鞅不仁而阡陌开，夏桀无道而伊洛竭。商鞅废井

田，开阡陌，秦国因此强大起来。阡陌，田地之间的道路和地界。伊洛：指伊水和洛水。桀无道，上天使二水干枯以警告他。

道不拾遗，由在上有善政；海不扬波，知中国有圣人。周成王时，交趾国的使者称赞周国说："天无烈风淫雨，海不扬波三年矣。意者中国其有圣人乎？"

岁 时

【原文】

爆竹一声除旧，桃符万户更新。

履端是初一元旦；人日是初七灵辰。

元日献君以椒花颂，为祝遐龄；元日饮人以屠苏酒，可除厉疫。

新岁曰王春，去年曰客岁。

火树银花合，谓元宵灯火之辉煌；星桥铁锁开，谓元宵金吾之不禁。

二月朔为中和节，三月三为上巳辰。

冬至百六是清明，立春五戊为春社。

寒食节是清明前一日，初伏日是夏至第三庚。

四月乃是麦秋，端午却为蒲节。

六月六日，节名天贶；五月五日，节号天中。

端阳竞渡，吊屈原之溺水；重九登高，效桓景之避灾。

五戊鸡豚宴社，处处饮治聋之酒；七夕牛女渡河，家家穿乞巧之针。

中秋月朗，明皇亲游于月殿；九日风高，孟嘉帽落帽于龙山。

秦人岁终祭神曰腊，故至今以十二月为腊；始皇当年御讳曰政，故至今读正月为征。

东方之神曰太皞，乘震而司春，甲乙属木，木则旺于春，其色赤，故春帝曰青帝。

南方之神曰祝融，居离而司夏，丙丁属火，火则旺于夏，其色赤，故夏帝目赤帝。

西方之神曰蓐收，当兑而司秋，庚辛属金，金则旺于秋，其色白，故秋帝曰白帝。

北方之神曰玄冥，乘坎而司冬，壬癸属水，水则旺于冬，其色黑，故冬帝曰黑帝。

中央戊己属土，其色黄，故中央帝曰黄帝。

夏至一阴生，是以天时渐短；冬至一阳生，是以日晷初长。

冬至到而葭灰飞，立秋至而梧叶落。

上弦谓月圆其半，系初八九；下弦谓月缺其半，系廿二三。

月光都尽谓之晦，三十日之名；月光复苏谓之朔，初一日之号；月与日对谓之望，十五日之称。

初一是死魄，初二旁死魄，初三哉生明，十六哉生魄。

翌日诘朝，言皆明日；谷旦吉旦，悉是良辰。

片晌谓片时，日曛乃日暮。

畴昔曩者，俱前日之谓；黎明昧爽，皆将曙之时。

月有三浣：初旬十日为上浣，中旬十日为中浣，下旬十日为下浣；学足三余：夜者日之余，冬者岁之余，雨者晴之余。

以术愚人，曰朝三暮四；为学求益，曰日就月将。

焚膏继晷，日夜辛勤；俾昼作夜，晨昏颠倒。

自愧无成，曰虚延岁月；与人共语，曰少叙寒暄。

可憎者，人情冷暖；可厌者，世态炎凉。

周末无寒年，因东周之懦弱；秦亡无燠岁，由嬴氏之凶残。

泰阶星平曰泰平，时序调和曰玉烛。

岁歉曰饥馑之岁，年丰曰大有之年。

唐德宗之饥年，醉人为瑞；梁惠王之凶岁，野莩堪怜。

丰年玉，荒年谷，言人品之可珍；薪如桂，食如玉，言薪米之腾贵。

春祈秋报，农夫之常规；夜寐夙兴，吾人之勤事。

韶华不再，吾辈须当惜阴；日月其除，志士正宜待旦。

【注释】

爆竹一声除旧，桃符万户更新。桃符：画在桃木板上的门神，古人以桃木能驱邪，故新年风俗都换桃符。

履端，是初一元旦；人日，是初七灵辰。履端：开

端。人日：传说天地初开时，第一日为鸡日，依次为狗日，猪日，羊日，牛日，马日，七日为人日，八日为谷日。其日晴，则主所生之物盛，其日阴，则有灾难。

元日献君以椒花颂，为祝遐龄；元日饮人以屠苏酒，可除疠疫。晋朝人刘臻之妻陈错，在元旦向皇帝献《椒花赋》，祝皇帝万寿无疆。遐龄：高龄。屠苏酒：唐人孙思邈在除夕教人把药浸入井中，元旦那天取井水加入酒中，虽我了可以使人不生疫病，即屠苏酒。

新岁曰王春，去年曰客岁。春秋时，君王懦弱，孔子作《春秋》写道："元年春，王正月"以示尊重君王。客岁，即旧岁。

火树银花合，谓元宵灯火之辉煌；星桥铁锁开，调元夕金吾之不禁。金吾：汉代禁止夜行的官。古代通常在城中实行宵禁，这里星桥铁锁开，指元宵取消了夜禁。

二月朔为中和节，三月三为上巳辰；二月朔：二有初一。唐德宗时将这天定为中和节，人们在这天互相赠送瓜果百谷。上巳节：三月上旬的巳日，称上巳。后来定为三月三日。

冬至百六是清明，立春五戊为春社。戊是天干的第五位，五戊是立春后的第五个戊日。社：祭祀土地神的活动，春社始春天祭祀土地神。根据历法，立秋后五戊为秋社。

寒食节是清明前一日，初伏日是夏至第三庚。介子推帮助晋文公复国有功，但不愿做官，隐于山中，晋文公纵火烧山，想逼他出来，但介子推抱树不出而被烧死。晋文公命令百姓每年在这一天禁火，故名寒食。

四月乃是麦秋，端午却为蒲节。麦熟四月，故曰麦秋。蒲节：端午将菖蒲泡在酒中，饮之避瘟疫，六月六日，节名天贶；五月五日，序号天中。贶：音况。赏赐之意。宋哲宗元符四年六月初六，有人报告降下天书，故名天贶。

端阳竞渡，吊屈原之溺水；重九登高，效桓景之避灾。屈原投汨罗江而死，楚人造龙舟竞渡救他，后来传为风俗。重九登高：相传费长房对桓景说，九月九日，你家中有难，只有全家人插着茱萸登山饮菊花酒，才能避祸，桓景听从了他的话。晚上回家一看，家中的鸡犬牛羊都死了。以后重九登高成为风俗。

五戊鸡豚宴社，处处饮治聋之酒；七夕牛女渡河，家家穿乞巧之针。五戊：指春社和秋社。这天到处吃鸡吃肉喝酒，据说这天的酒喝了可以治耳聋。乞巧：七夕女孩子晚上在月亮底下穿针，求得一双灵巧的手。

中秋月朗，明皇亲游于月殿；九日风高，孟嘉帽落于龙山。中秋时，罗公远以杖为桥，引明皇到月宫一游，明皇觉得月宫的音乐很好听，就凭记忆谱写了一首《霓堂羽衣曲》。孟嘉：晋代人，桓温的参军，曾随桓温重九登高，帽子吹落却没有感觉到，桓温叫人不要告诉他，良久命人交还给他，并命孙盛作文嘲笑阵嘉，孟嘉也作文应答，言辞非常得体。

秦人岁终祭神曰腊，故至今以十二月为腊；始皇当年御讳曰政，故至今读正月为征。

东方之神曰太皞，乘震而司春，甲乙属本，木则旺于春，其色青，故春帝曰青帝。南方之神曰祝融，居离而司夏，丙丁属火，火则旺于夏，其色赤，故夏帝曰赤帝。西方之神曰蓐收，当兑而司秋，庚辛属金，金则旺于秋，其色白，故秋帝曰白帝。北方之神曰玄冥，乘坎而司冬，壬癸属水，水则旺于冬，其色黑，故冬帝曰黑帝。中央戊己属土，其色黄，故中央帝曰黄帝。皞：音浩。古人用阴阳五行来解释季节和方位，将金木水火土五行与东西南北中及春夏秋冬相配，又和八卦及天干对应，他们的对应关系是：

中央：戊己，黄色，属土。

春：东方，甲乙，青色，震位，属木

夏：南方，丙丁，红色，离位，属火

秋：西方，庚辛，白色，兑位，属金

冬：北方，壬癸，黑色，坎位，属水

夏至一阴生，是以天时渐短；冬至一阳生，是以日晷初长。晷：日影。日晷：利用日影测量时间的仪器。

冬至到而葭灰飞，立秋至而梧叶落。用芦苇灰测量冬至时刻，是古代一种测量方法。在用布缦密封的房间内，放好测量用的律管，在律管的两端堵上芦苇灰，等到冬至时刻，阳气就会生长，将灰吹得飞起来。梧叶落：传说有一种金井梧桐，立秋时至，则落一叶。

上弦谓月圆其半，系初八、九；下弦谓月缺其半，系廿二三。

月光都尽谓之晦，三十日之名；月光复苏谓之朔，初一

日之号；月与日对谓之望，十五日之称。望：月满之日，日在东方升起，月在西方落下，遥遥相望，故称望日。

初一是死魄，初二旁死魄，初三哉生明，十六始生魄。月之质为魄。

翌日、诘朝，言皆明日；谷旦、吉旦，悉是良辰。翌：明也；诘朝：平旦也。《左传》载："诘朝相见"。谷：善。《诗经》载："谷旦于差"片晌即谓片时，日曛乃云日暮。曛：太阳落山的余光。

畴昔、曩者，俱前日之谓；黎明、昧爽，皆将曙之时。曙：天将晓也。

月有三浣：初旬十日为上浣，中旬十日为中浣，下旬十日为下浣；学足三馀：夜者日之馀，冬者岁之馀，雨者晴之馀。三浣：古代官员每十天发一次俸禄，休息一次，洗衣洗澡，称为一浣。三余：汉末董遇好学，对人说"学者当利用三余，夜者日之余，冬者岁之余，雨者晴之余"。

以术愚人，曰朝三暮四；为学求益，曰日就月将。

焚膏继晷，日夜辛勤；俾昼作夜，晨昏颠倒。膏：灯油。晷：日影。俾：音比，把。俾夜作昼：形容夜以继日地工作。俾昼作夜：形容不分昼夜地寻欢作乐。

自愧无成，曰虚延岁月；与人共语，曰少叙寒暄。暄：温暖。指叙说天气寒暖之类的话。

可憎者，人情冷暖；可厌者，世态炎凉。

周末无寒年，因东周之懦弱；秦亡无燠岁，由嬴氏之凶残。寒年：寒冷的年份。燠岁：暖热的年份。皆不正常之年景。

泰阶星平曰泰平，时序调和曰玉烛。泰阶星：由六颗星组成，古时认为这些星分别代表天子、诸侯、卿大夫、和士庶人。泰阶星平正，天下就大治，称不泰平，后来写作太平；泰阶星斜则天下大乱。玉烛：古人认为烛龙之神主宰四季和白天黑夜，龙衔玉烛则时序调和。

岁歉曰饥馑之岁，年丰曰大有之年。古不熟为饥，菜不熟为馑。

唐德宗之饥年，醉人为瑞；梁惠王之凶岁，野莩堪怜。醉人为瑞：时闹饥荒，无人酿酒。如果偶尔有人喝醉，大家都认为是祥瑞之兆。莩：同殍，音漂，上声。饿死之人。另读作浮，一种草。

丰年玉，荒年谷，言人品之可珍；薪如桂，食如玉，言薪米之腾贵。

春祈秋报，农夫之常规；夜寐夙兴，吾人之勤事。夙：早。

韶华不再，吾辈须当惜阴；日月其除，志士正宜待旦。除：去。

朝 廷

【原文】

王皇为皇，五帝为帝。

以德行仁者王，以力假仁者霸。

天于天下之主，诸侯一国之君。

官天下，乃以位让贤，家天下，是以位传子。

陛下，尊称天子；殿下，尊重宗藩。

皇帝即位曰龙飞，人臣覲君曰虎拜。

皇帝之言，谓之纶音；皇后之命，乃称懿旨。

椒房是皇后所居，枫宸乃人君所莅。

天子尊崇，故称元首；臣邻辅翼，故日股肱。

龙之种，麟之角，俱誉宗藩；君之储，国之贰，首称太子。

帝子爰立青宫，帝印乃是玉玺。

宗室之派，演于天潢；帝胄之谱，名为玉牒。

前星耀彩，共祝太子以千秋；嵩岳效灵，三呼天子以万岁。

神器大宝，皆言帝位；妃嫔媵嫱，总是宫娥。

姜后脱簪而待罪，世称哲后；马后练服以鸣俭，共仰贤妃。

唐放勋德配昊天，遂动华封之三祝；汉太子恩覃少海，乃兴乐府四歌。

【注释】

王皇为皇，五帝为帝。三皇：指天皇，地皇，人皇。五帝：有多种说法，一般指伏羲，神农，黄帝，尧，舜。

以德行仁者王，以力假仁者霸。力：武力。假：代理，非正式。

天子天下之主，诸侯一国之君。诸侯：周代天下分为许多小诸侯国，国君称为诸侯。诸侯有公、侯、伯、子、男等。

官天下，乃以位让贤；家天下，是以位传子。尧、舜时实行禅让制，由贤人继承君位，到禹时君位传给了儿子。据《湘山野录》载：宋真宗问李仲容“何谓官家？”李仲容答“五帝时是官天下，三王时家天下，兼有五帝三皇之德，故称为官家”。

陛下，尊称天子；殿下，尊重宗藩。宗藩：指与天子同姓的诸侯。

皇帝即位曰龙飞，人臣觐君曰虎拜。觐：拜见。

皇帝之言，谓之纶音；皇后之命，乃称懿旨。纶音：《礼记》王言如丝，其出如纶。王言如纶，其出如綍。

椒房是皇后所居，枫宸乃人君所莅。汉代后宫墙上多以椒涂墙，用以取暖避恶气，故后宫称椒房；在帝王殿前多种植枫树，故帝王所居之处称为枫宸。

天子尊崇，故称元首；臣邻辅翼，故日股肱。元首：头脑。股肱：大腿和胳膊。

龙之种，麟之角，俱誉宗藩；君之储，国之贰，皆称太子。

帝子爰立青宫，帝印乃是玉玺。爰：曰，称为。

宗室之派，演于天潢；帝胄之谱，名为玉牒。演：长流。潢：水池。帝胄：帝王或贵族的后代。牒：册。

前星耀彩，共祝太子以千秋；嵩岳效灵，三呼天子以万岁。古人认为三星中的中星代表天子位，前星代表太子位，后星代表庶子位。据史书记载，汉武帝登嵩山，皇帝和身边的人都听到高呼万岁的声音出现三次，被认为是嵩山山神显灵。

神器大宝，皆言帝位；妃嫔媵嫱，总是宫娥。嫔、嫱是女官，媵是随从皇后陪嫁过来的女子。

姜后脱簪而待罪，世称哲后；马后练服以鸣俭，共

仰贤妃。姜后：周宣王的皇后，《列女传》载：周宣王晚起，姜后即脱簪请罪，曰“吾之过，使君王好色而忘德，失礼晚起”。宣王曰“吾之过，非卿之过也”于是处理政务很勤奋。马后：汉明帝的皇后。《汉书》载：马后穿素色衣服，饮食节俭，以作天下表率。

唐放勋德配昊天，遂动华封之三祝；汉太子恩覃少海，乃兴乐府之四歌。唐放勋：指尧帝。尧帝到华山巡视，华山封人祝愿他多福多寿多男子，称为“华封三祝”，后来成为颂扬人的祝颂语。放勋：极大的功勋，一说放勋乃尧帝之名。《汉书》载，汉明帝为太子时，乐人作了四章颂扬太子德行的歌：第一章为“日重光”，第二章为“月重光”，第三章为“星重辉”，第四章为“海重润”。覃：达到，延及。

文 臣

【原文】

帝王有出震向离之象，大臣有补天浴日之功。

三公上应三台，郎官上应列宿。

宰相位居台铉，吏部职掌权衡。

吏部天官大冢宰，户部地官大司徒。

礼都春官大宗伯，兵部夏官大司马。

刑部秋官大司寇，工部冬官大司空。

司宪中丞，巡抚之号；内翰学士，翰林之称。

天使誉行人；司成称祭酒。

称都堂曰大抚台，称巡按曰大柱史。

方伯藩侯，左右布政之号；宪台廉宪，提刑按察之称。

宗师称为大文衡，副使称为大宪副。

郡侯邦伯，知府名尊；郡丞贰候，同知誉美。

郡宰别驾，乃称通判；司理廌史，赞美推官。

刺史州牧，乃知州之两号；廌史台谏，即知县之尊称。

乡宦曰乡绅，农官曰田畯。

钧座台座，皆称仕宦；帐下麾下，并美武官。

秩官既分九品，命妇亦有七阶。

妇人受封曰金花诰，状元报捷曰紫泥封。

唐玄宗以全瓯覆宰相之名，宋真宗以美珠箝谏臣之口。

金马玉堂，羡翰林之声价；朱幡皂盖，仰郡守之威仪。

台辅曰紫阁名公，知府曰黄堂太守。

府尹之禄二千石，太守之马五花骢。

代天巡狩，赞称巡按；指日高升，预贺官僚。

初到任曰下车，告致仕曰解组。

藩垣屏翰，方伯犹古诸侯之国；墨绶铜章，令尹即古子男之帮。

太监掌阉门之禁令，放曰阉宦；朝臣皆缙笏于绅间，故曰缙绅。

萧曹相汉高，曾为刀笔吏；汲黯相汉武，真是社稷臣。

召伯布文王之政，尝合甘棠之下，从人思其遗爱，不忍伐其树；孔明有王佐之才，尝隐草庐之中，先主慕其令名，乃三顾其庐。

鱼头参政，鲁宗道秉性骨鲠；伴食宰相，卢怀慎居位无能。

王德用，人称黑王相公；赵清献，世号铁面御史。

汉刘宽责民，蒲鞭示辱；项仲山洁己，饮马投钱。

李善感直言不讳，竞称鸣凤朝阳；汉张纲弹劾无私，直斥豺狼当道。

民爱邓侯之政，挽之不留；人言谢令之贪，推之不去。

廉范守蜀郡，民歌五裤；张堪守渔阳，麦穗两歧。

鲁恭为中牟令，桑下有驯雉之异；郭伋为并州守，儿童有竹马之迎。

鲜于子骏，宁非一路福星；司马温公，真是万家生佛。

鸾凤不栖枳棘，羡仇香之为主簿；河阳遍种桃花，乃潘岳之为县官。

刘昆宰江陵，求神反风灭火；龚遂守渤海，令民卖刀买牛。

此皆德政可歌，是以令名攸著。

【注释】

帝王有出震向离之象，大臣有补天浴日之功。

三公上应三台，郎官上应列宿。三台：三台星。三公：一般指太师、太保、太傅。郎官：帝王的侍从官。

宰相位居台铉，吏部职掌铨衡。台：指三台星。铉：举鼎用的器具。铨衡：度量工具。

吏部天官大冢宰，户部地官大司徒，礼都春官大宗伯，兵部夏官大司马，刑部秋官大司寇，工部冬官大司空。《周礼》中官职称为天官、地官、春官、夏官、秋官、冬官。

都宪中丞，都御史之号、内翰学士，翰林院之称。

都御史：明代监察机构御史台的长官。翰林院：翰林学士是负责为皇帝起草文书的官员。

天使，誉称行人；司城，尊称祭酒。行人：古代传达皇帝诏令的官员。祭酒：代管理国子监学府的官员。

称都堂曰大抚台，称巡按曰大柱史。大抚台：明代巡抚兼任都察院副都御史，故称大抚台。大柱史：称巡抚为大柱史，又称侍御、总马、执法大夫、绣衣使者。

方伯、藩侯，左右布政之号；宪台、廉宪，提刑按察之称。布政：掌管一省户政赋役的行政长官。按察：掌管一省的刑法事务。

宗师称为大文衡，副使称为大宪副。文衡：掌管一省教育的官。宪副：是监察史的副手。

郡侯、邦伯，知府名尊；郡丞、贰候，同知誉美。秦灭诸侯，设置郡，郡设郡守，辖地相当于方伯诸侯。唐代改郡为州，改太守为刺使。同知：是一府的副长官。

郡宰、别驾，乃称通判；司理、弃史，赞美推官。通判：即督粮长官。通判跟随刺史巡视，另乘一辆车，故称别驾。推官：是府中理刑办案的官员。

刺史、州牧，乃知州之两号；弃史、台谏．即知县之以称。

乡宦曰乡绅，农官曰田畯。古代管农事、田法的官。

钧座、台座，皆称仕宦；帐下、麾下，并美武官。大将行军，设置帷帐居住，故称为帐下。麾：旗帜。士卒进退，以麾指挥，故称麾下。

秩官既分九品，命妇亦有七阶。一品曰夫人，二品亦夫人，三品曰淑人，四品曰恭人，五品曰宜人，六品曰安人，七品曰孺人。命妇：受诰命之妇。凡担任官职的人，他的母亲和妻子都可以接受诰命。

妇人受封曰金花诰，状元报捷曰紫泥封。唐玄宗诰封群夫人，用金花罗纸书写，称为金花诰。唐代进士及第，用泥金帖书写报告喜讯，称为紫泥封。

唐玄宗以全瓯覆宰相之名，宋真宗以美珠箝谏臣之口。唐玄宗将要任命宰相，写好名字用金盆盖住，正好太子进来，玄宗问太子："你认为谁能担任宰相呢？"太子回答："难道不是崔琳、卢从愿吗？"原来他们二人很有声望，所以太子能猜中。宋真宗想到泰山封禅，担心大臣王旦反对，就赐给王旦一尊酒，说"回家与妻儿共同享用。"王回家打开一看，里面装满了珍珠，知道是皇上叫他不要反对封禅的事，于是再不敢提出异议了。

金马玉堂，羡翰林之声价；朱幡皂盖，仰郡守之威

仪。汉代宫门称为金马门，玉堂是翰林院的别名。汉代郡守的仪仗有红色的旗幡和黑色的伞盖。

台辅曰紫阁名公，知府曰黄堂太守。台辅：指三公，又称为紫禁、紫阁。古代太守的正堂用雌黄涂墙，所以称为黄堂。

府尹之禄二千石，太守之马五花骢。府尹：即京府之尹。五花骢：汉代太守乘坐五匹马拉的车。骢：青白色的马。

代天巡狩，赞称巡按；指日高升，预贺官僚。

初到任曰下车，告致仕曰解组。致仕：官员退休。组：系印的绳子。

藩垣屏翰，方伯犹古诸侯之国；墨绶铜章，令尹即古子男之帮。墨绶：黑色的系印的带子。铜章：铜铸的官印。令尹：即县官，管理的地方相当于古代的子国和男国。

太监掌阉门之禁令，故曰阉宦；朝臣皆搢笏于绅间，故曰搢绅。朝廷的大臣都把笏插在衣带中间。笏：大臣上朝时拿的用于记事的版子。绅：衣带。

萧曹相汉高，曾为刀笔吏；汲黯相汉武，真是社稷臣。萧曹：萧何、曹参，先后任汉高祖的丞相。汲黯：汉武帝时大臣，常当面指出别人的过失。

召伯布文王之政，尝舍甘棠之下，后人思其遗爱，不忍伐其材；孔明有王佐之才，尝隐草庐之中，先主嘉其令名，乃三顾其庐。召伯：召公奭，被封于召，尝居甘棠树下。后人纪念他，写下《甘棠赋》。

鱼头参政，鲁宗道秉性骨鲠；伴食宰相，卢怀慎居位无能。鲁字为“鱼”头，卢怀慎：唐时与姚崇同时作宰相，他认为自己才能不如姚崇，故事务都推给姚崇处理。

王德用，人称黑王相公；赵清献，世号铁面御史。王德用：宋人，治军有方。赵清献：即赵汴，谥号“清献”，宋神宗是作御史，弹劾不避权贵。

汉刘宽责民，蒲鞭示辱；项仲山洁己，饮马投钱。刘宽：汉人，担任南阳太守，为人宽容，民有过错，只用蒲草鞭子处罚，以示耻辱。项中山：《世说新语》载，项是安徽人，非常廉洁，每次在河边饮马，都要投钱三文。

李善感直言不讳，竟称鸣凤朝阳。汉张纲弹劾无私，直斥豺狼当道。李：唐朝时任监察御史，皇帝想封五岳，他力谏阻止。人们认为他的劝谏是鸣叫的凤凰朝向太阳。张纲：汉御史，皇帝派其到外地巡视，张埋掉车轮，说：“现在是豺狼当道，去抓什么狐狸。”于是上朝弹劾大将军梁冀兄弟的不法行为。

民爱邓侯之政，挽之不留；人言谢令之贪，推之不去。邓侯：指邓攸，晋代时任吴郡太守，离任时百姓挽留不让离去。其前任谢太守非常贪财，人们于是作歌曰："邓侯留不住，谢令推不去。"

廉范守蜀郡，民歌五袴；张堪守渔阳，麦穗两岐。廉范：汉蜀郡太守，鼓励百姓劳动致富，百姓唱"过去没有衣穿，现在有五条裤子。"张堪：汉朝人，作渔阳太守，百姓做歌曰"桑树上没有多余的枝条，麦子上长出个穗。"

鲁恭为中牟令，桑下有驯雉之异；郭伋为并州守。儿童有竹马之迎。汉代鲁恭任中牟令时，桑树下的雉鸡都很驯服，连小孩都知道要抚养幼雉而不去捕捉它们。汉郭伋作并州太守时，广布恩德，其出行时，数百儿童骑竹马在道旁欢迎。

鲜于子骏，宁非一路福星；司马温公，真是万家生佛。鲜于子骏：宋人，担任京中转运使，司马光赞扬他是"一路福星"。司马光：宋宰相，被封为温国公，恩德遍布，被誉为"万家生佛"。

鸾凤不栖枳棘，羡仇香之为主簿；河阳遍种桃花，乃潘岳之为县官。仇香：汉代某县主簿，县令王涣说："鸾凤不应落在枳棘丛中”，送他入太学，后仇香声名大振。

潘越：晋代人，任河阳尹，百姓负债还不上，即命其种桃树，官府代其还债。其离任时，县里种满了桃树，开满桃花，被誉为“花县”。

刘昆宰江陵，昔日反风灭火；龚遂守渤海，令民卖刀买牛。刘昆：汉人，任江陵令时，发生火灾，其对火叩头，风转过头来将火扑灭。龚遂：汉代人，任渤海郡守，适时饥荒四起，龚传令不要追捕盗贼，于是盗贼都带着刀剑来迎接他，他乘机劝他们卖刀买牛，全力耕作。

此皆德政可歌，是以令名攸著。攸：长远之意。

武 职

【原文】

韩柳欧苏，固文人之最著；起翦颇牧，乃武将之多奇。

范仲淹胸中具数万甲兵，楚项羽江东有八千子弟。

孙膑吴起，将略堪夸；穰苴尉缭，兵机莫测。

姜太公有《六韬》，黄石公有《三略》。

韩信将兵，多多益券；毛遂讥众，碌碌无奇。

大将曰干城；武士曰武弁。

都督称为大镇国；总兵称为大总戎。

都阃即是都司，参戎即是参将。

千户有户侯之仰；百户有百宰之称。

以车为户曰辕门；显揭战功曰露布。

下杀上，谓之弑，上伐下，谓之征。

交锋谓对垒，求和曰求成。

战胜而回谓之凯旋；战败而走谓之奔北。

为君泄恨曰敌忾；为国救难曰勤王。

胆破心寒，比敌人慑服之状；风声鹤唳，惊士卒败北之魂。

汉冯异当论功，独立大树下不夸己绩；汉文帝尝劳军，亲幸细柳营按辔徐行。

苻坚自夸将广，投鞭可以断流；毛遂自荐才奇，处囊便当脱颖。

羞与哙等伍，韩信降作淮阴；无面见江东，项羽羞归故里。

韩信受胯下之辱，张良有进履之谦。

卫青为牧猪之奴，樊哙为屠狗之辈。

求士莫求全，毋以二卵弃干城之将；用人如用木，毋以寸朽弃连抱之材。

总之君子之身，可大可小；丈夫之志，能屈能伸。

自古英雄，难以枚举；欲详将略，须读武经。

【注释】

韩柳欧苏，固文人之最著；起翦颇牧，乃武将之多奇。韩柳欧苏：唐代文学家韩愈、柳宗元，宋代文学家欧阳修、苏轼。起翦颇牧：指秦国大将白起、王翦，赵国大将廉颇、李牧。

范仲淹胸中具数万甲兵，楚项羽江东有八千子弟。北宋时范仲淹任延州知州防御西夏，治军严整，西夏人谓其：“胸中有百万甲兵”。项羽于秦末年起兵，率江东八千子弟渡江作战。

孙膑吴起，将略堪夸；穰苴尉缭，兵机莫测。孙膑：战国时齐国军事家，著《孙膑兵法》。

吴起：战国时魏国军事家，善于带兵，著有《吴子兵法》。穰苴：音让（阳平）居，战国时齐国军事家，著有《司马法》。尉缭：战国是魏国军事家，著有《尉缭子》。

姜太公有《六韬》，黄石公有《三略》。六韬：文武龙虎豹犬。三略：相传亦为姜尚所著，汉代黄石公加以完善，传与张良。

韩信将兵，多多益善；毛遂讥众、碌碌无奇。高祖曾问韩信能带多少兵，信曰“多多益善”。秦攻赵国，毛遂自荐随平原君往楚国求救，并按剑上前说服楚王出兵。事后，讥其余十九人为碌碌无为之辈。

大将曰干城，武士回武弁。干：盾牌。城：城墙。武弁：弁，音便，头巾。武士是士卒中的头目，犹如巾是戴在头上的衣服一样。

都督称为大镇国，总兵称为大总戎。

都阃即是都司，参戎即是参将。阃：音捆，本意郭门，借指领兵在外的将帅或外任的大臣。

千户有户侯之仰，百户有百宰之称。

以车为户曰辕门，显揭战功曰露布。辕：用车围出的营门。古代君王出行扎营时，用两车车辕相对作门，称为辕门。露布：后魏时，每次作战胜利，就在旗上写下战功，名为露布。

下杀上谓之弑，上伐下谓之征。下杀上，如臣杀君为弑。

交锋为对垒，求和曰求成。《左传》“楚武王侵随，使袁章求成焉”。

战胜而回，谓之凯旋。战败而走，谓之奔北。

为君泄恨，曰敌忾；为国救难，曰勤王。忾：愤恨。

胆破心寒，比敌人慑服之状；风声鹤唳，惊士卒败北之魂。慑服：因畏惧而屈服。淝水之战中前秦的军队被打败，逃跑途中，听到风声与鹤的叫声，都以为是晋兵追杀。

汉冯异当论功，独立大树下，不夸己绩。汉文帝尝劳军，亲幸细柳营，按辔徐行。冯异：东汉光武帝刘秀手下的大将。大将们都坐在一起评论功劳，唯独冯异立在大树下，因此被称为大树将军。

苻坚自夸将广，投鞭可以断流；毛遂自荐才奇，处囊在当脱颖。前秦苻坚南伐晋国前，吹嘘自己兵力有百万之众，投鞭于江，足以断流。结果为晋所败。脱颖：毛遂自荐去楚国当说客，平原君说：“人才就像是

锥子放在布袋中，锥尖马上可以看见，而先生在我这里三年，还没有听说你做了什么事情。”毛遂说：“如果让臣处于布袋中，将脱颖而出。”颖：针尖。

羞与哙等伍，韩信降作淮阴；无面见江东，项羽羞归故里。刘邦因韩信势盛而降其为淮阴侯。一次他到樊哙那里，樊哙称臣，韩信说：竟然与樊哙为伍啊。项羽兵败乌江，乌江亭长请他渡江，项羽说“我与江东八千子弟渡江作战，现在没有一个人同我回来，有何颜面见江东父老”，于是拔剑自刎。

韩信受胯下之辱，张良有进履之谦。韩信少年时喜欢佩剑，家乡中有无赖侮辱他说：“不怕死，就刺死我，怕死，就从胯下钻过。”韩信看了他很久，就从胯下钻过。后来韩信还召那个无赖少年做了楚中尉。进履：指张良为黄石公穿鞋而得书之事。

卫青为牧猪之奴，樊哙为屠狗之辈。汉武帝时大将卫青年少时曾牧猪，汉高祖手下大将樊哙曾以屠狗为业。

求士莫求全，毋以二卵弃干城之将；用人如用木，毋以寸朽弃连抱之材。卵：鸡蛋。苟變作小吏时曾吃过百姓两个鸡蛋，子思仍然向卫侯推荐他做大将，子思说：“用人如用木，不要因为一寸朽木就抛弃几个人合抱的木材。”

总之君子之身，可大可小；丈夫之志，能屈能伸。老子说“君子之身可大可小也”。孟子说“丈夫之志能屈能伸也”。

自古英雄，难以枚举；欲详将略，须读武经。武经：古代兵书总经。

卷　二

祖孙父子

【原文】

何谓五伦，君臣、父子、兄弟、夫妇、朋友；何谓九族，高、曾、祖、考、己身、子、孙、曾、玄。

始祖曰鼻祖，远孙曰耳孙。

父子创造，曰肯构肯堂；父子俱贤，曰是父是子。

祖称王父；父曰严君。

父母俱存，谓之椿萱并茂；子孙发达，谓之兰桂腾芳。

桥木高而仰，似父之道；梓木低而俯，如子之卑。

不痴不聋，不作阿家阿翁；得亲顺亲，方可为人为子。

盖父愆，名为干蛊；育义子，乃曰螟蛉。

生子当如孙仲谋，曹操羡孙权之语；生子须如李亚子，朱温叹存勖之词。

菽水承欢，贫士养亲之乐；义方是训，父亲教子之严。

绍箕裘，子承父业；恢先绪，子振家声。

具庆下，父母俱存；重庆下，祖父俱在。

贻厥孙谋，乃称裕后之祖；绳其祖武，是称象贤之孙。

称人有令子，曰鳞趾呈祥；称宦有贤郎，曰凤毛济美。

弑父自立，隋杨广之天性何存；杀子媚君，齐易牙之人心奚在?

分甘以娱目，王羲之弄孙自乐；问安惟点颔，郭子仪厥孙最多。

和丸教子，仲郢母之贤；戏彩娱亲，老莱子之孝。

毛义捧檄，为亲之存；伯俞位杖，因母之老。

慈母望子，倚门倚闾；游子思亲，陟岵陟屺。

爱无差等，曰兄子如邻子；分有相同，曰吾翁即若翁。

长男为主器；令子可克家。

子光前曰充闾，子过父曰跨灶。

宁馨英物，皆是羡人之儿；国器掌珠，悉是称人之子。

可爱者子孙之多，若螽斯之蛰蛰；堪羡者，后人之盛，如瓜瓞之绵绵。

【注释】

何谓五伦：君臣、父子、兄弟、朋友、夫妇；何谓九族：高、曾、祖、考、已身、子、孙、曾、玄。五伦：人与人之间的无种关系。考：指死去的父亲。

始祖曰鼻祖，远孙曰耳孙。耳孙：离高祖很元，只是听说过，没有见过，故名之。

父子创造，曰肯构肯堂；父子俱贤，曰是父是子。

肯构肯堂：父亲要筑房子，已设计好，儿子不肯打地基，更不肯构建房子。这里反其意用之，形容父亲和儿子共创事业。

祖称王父，父曰严君。《尔雅》云“父之考曰王父”。

父母俱存，谓之椿萱并茂；子孙发达，谓之兰桂腾芳。《庄子》中说有一种椿树以八千岁为春，八千岁为秋，故称父为椿庭。萱草称为忘忧草，古代妇女常佩戴萱草以生男孩，故称母为萱堂。

桥木高而仰，似父之道；梓木低而俯，如子之卑。桥木：即乔木，枝叶高大挺拔。梓木：一种落叶亚乔木，枝叶低俯。

不痴不聋，不作阿家阿翁；得亲顺亲，方可为人为子。阿家（音姑）阿翁：指婆婆公公。

盖父愆，名为干蛊；育义子，乃日螟蛉。愆：超过。《易经》中有“干父之蛊”意为儿子能干好而父亲不能干好的事。蜾蠃常将螟蛉的幼虫去当食物，古人误以为蜾蠃是将螟蛉收为义子。

生子当如孙仲谋，曹操羡孙权之语；生子须如李亚子，朱温叹存勖之词。曹操称赞孙权说“生子当如孙仲谋，像刘表的那些儿子，都是猪狗”。李亚子：李存勖，小名亚子，五代后唐的开国皇帝。朱温：梁太祖，曾感叹“生子当如李亚子，我的儿子都是猪狗”。

菽水承欢，贫士养亲之乐；义方是训，父亲教子之严。孔子说：吃着豆子喝着清水让父母尽其欢乐，这就是孝。菽：音叔，豆类的总称。

绍箕裘，子承父业；恢先绪，子振家声。《周礼》中说“善于冶铁的人的儿子，一定要学好做衣服；善于制弓的人的儿子，一定要学好编箕”。绍：继也。先绪：先人的产业。

具庆下，父母俱存；重庆下，祖父俱在。母亡父在，称严侍下；父亡母在，称北侍下；父母俱亡：称永感不。

燕翼贻谋，乃称裕后之祖；克绳祖武，是称象贤之孙。《诗经》中有“贻厥孙谋，以燕翼子”的话，意思是给子孙留下好的计谋，使他们平安。《诗经》中有“绳其祖武”的话，意思是说继承祖先的足迹，此指能像先人一样贤德的子孙。

称人有令子，曰麟趾呈祥；称宦有贤郎，曰凤毛济美。凤毛：喻珍贵。

弑父自立，隋杨广之天性何存；杀子媚君，齐易牙之人心何在。杨广：隋文帝的儿子，当时人们认为隋文帝是杨广杀死的。易牙：战国时齐国大臣，善于烹饪，他们自己的儿子杀了烹给齐桓公吃，从而得到重用。

分甘以娱目，王羲之弄孙自乐；问安惟点颌，郭子仪厥孙最多。唐代大将郭子仪的孙子有数十个，每次问安，郭皆不能分辨，只是点头而已。

和丸教子，仲郢母之贤；戏彩娱亲，老莱子之孝。唐朝柳仲郢的母亲用熊胆和丸，让他夜间嚼食，培养他勤苦的品德。古代孝子老莱子七十三岁时，为逗父母高兴，穿着五彩衣，学婴儿啼哭，假装跌倒。

毛义捧檄，为亲之存；伯俞位杖，因母之老。汉代人毛义，是大孝子，他接受檄书做官是为了养活母亲，母亲死后，他就不再做官。伯俞：汉人，大孝子，他有过错时，母亲拿棍子打他，他哭起来，母亲问他以前为何不哭，答曰“以前打得很痛，知道母亲身体很健康，这次打得不痛，知道妈妈没力气，所以伤心”。

慈母望子，倚门倚间；游子思亲，陟岵陟屺。间：巷子口。《诗经》中有“陟彼岵兮，瞻望父兮；陟彼屺兮，遥望母兮”，意思是登上有草木的山瞻望父亲，登上无草木的山瞻望母亲。

爱无差等，曰兄子如邻子；分有相同，曰吾翁即若翁。项羽抓到刘邦的父亲，要烹杀他，刘邦说“我和你同时受楚怀王之命，结为兄弟，我的父亲就是你的父亲”。

长男为主器，令子可克家。主器：主要的祭器。令：美善。《世说新语》有“何忧令名不彰”。

子光前曰充闾，子过父曰跨灶。晋代贾充出生时，他父亲说：将来当有充满闾门的喜事。于是给他起名为充，字公闾。跨灶：马前蹄空处曰灶，良马奔驰，后蹄痕超过前蹄痕，名跨灶。喻指儿子超过父亲。

宁馨英畏，皆是羡人之儿；国器掌珠，悉是称人之子。英畏：英俊值得畏惧。国器：国家的栋梁。

可爱者子孙之多，若螽斯之蛰蛰；堪羡者后人之盛，如瓜瓞之绵绵。螽斯：蝗虫。蛰蛰：聚集。《诗经》中有《螽斯篇》，歌颂子女众多。瓞：音蝶，小瓜。《诗经》有“绵绵瓜瓞”。

兄弟

【原文】

天下无不是底父母，世间最难得者兄弟。

须连同气之光，毋伤一本之谊。

玉昆金友，羡兄弟之俱贤；伯埙仲篪，谓声气之相应。

兄弟既翕，谓之花萼相辉；兄弟联芳，谓之棠棣竞秀。

患难相顾，似鹡鸰之在原；手足分离，如雁行之折翼。

元芳季芳俱盛德，祖太丘称为难兄难弟；宋郊宋祁俱中元，当时人号为大宋小宋。

荀氏兄弟，得八龙之佳誉；河东伯仲，有三凤之美名。

东征破斧，周公大义灭亲；遇贼争死，赵孝以身代弟。

煮豆燃萁，谓其相害；斗粟尺布，讥其不容。

兄弟阋墙，谓兄弟之斗狠；天生羽翼，谓兄弟之相亲。

姜家大被以同眠，宋君灼艾以分痛。

田氏分财，忽瘁庭前之荆树；夷齐守义，共采首阳之蕨薇。

虽曰安宁之日，不如友生；其实凡今之人，莫如兄弟。

【注释】

天下无不是底父母，世间最难得者兄弟。底：的。

须贻同气之光，无伤手足之雅。贻：给，借助。同气：指兄弟同属父母血气所生。

玉昆金友，羡兄弟之俱贤；伯埙仲篪，谓声气之相应。《诗经》有“伯氏吹壎，仲氏吹篪”的诗句，喻兄弟和睦。壎：即埙。篪：音迟，古时用竹管制成的乐器。

兄弟既翕，谓之花萼相辉；兄弟联芳，谓之棠棣竞秀。翕：音西，闭合，收拢。

患难相顾，似鹡鸰之在原；手足分离，如雁行之折翼。鹡鸰：音急灵，一种鸟，《诗经》中有“鹡鸰在原，兄弟急难”。

元芳、季芳俱盛德，祖太丘称为难弟难兄；宋郊宋祁俱中元，当时人号为大宋小宋。汉代人陈寔担任太丘令，大儿子叫元芳，小儿子叫季芳。二人之子争论谁的父亲更优秀一些，陈寔说：“元芳难为兄，季芳难为弟”。中元：考中状元。

荀氏兄弟，得八龙之佳誉；河东伯仲，有三凤之美

名。汉代人荀淑的八个儿子都很有才能，被称为荀氏八龙。唐朝河东人薛攸和堂兄薛元敬、族兄薛德音都很有名，被称为河东三凤。

东征破斧，周公大义灭亲；遇贼争死，赵孝以身代弟。《诗经》有记载，赞颂周公东征砍坏了斧，砍坏了刀，大义灭亲，杀掉了叛乱的弟弟管叔和蔡叔。西汉末年赵礼被强盗抓住，要杀死他吃掉，其兄赵孝争着代弟弟去死，于是强盗放了他们。

煮豆燃萁，谓其相害；斗粟尺布，讥其不容。汉文帝的弟弟谋反，被流放到蜀郡，绝食而死。百姓作歌曰："一尺布，尚可缝，一斗粟，尚可舂，兄弟二人不相容。"

兄弟阋墙，谓兄弟之斗狠；天生羽翼，谓兄弟之相亲。阋：音细。争吵，争斗。

姜家大被以同眠，宋君灼艾而分痛。汉代姜肱兄弟三人友爱，虽然各自娶妻，仍作大被睡在一起。宋太祖的弟弟病了，用艾叶烧灼皮肤治病，太祖亦如样为之，为弟弟分担痛苦。

田氏分财，忽瘁庭前之荆树；夷齐让国，共采首阳之蕨薇。《隋史》载，田真、田广、田庆三兄弟商议分家，第二天发现院中荆树枯萎，于是决定不分家，荆树又重新发芽。

虽曰安宁之日，不如友生；其实凡今之人，莫如兄弟。《诗经》中有“丧乱既平，既安且宁，虽有兄弟，不如友生”。

夫 妇

【原文】

孤阴则不生，独阳则不长，故天地配以阴阳；男以女为室，女以男为家，故人生偶以夫妇。

阴阳和，而后雨泽降；夫妇和而后家道成。

夫谓妻曰拙荆，又曰内子；妻称夫曰藁砧，又曰良人。

贺人娶妻，曰荣偕伉俪；留物与妻，曰归细君。

受室即是娶妻，纳宠谓人娶妾。

正妻谓之嫡；众妾谓之庶。

称人妻曰尊夫人；称人妾曰如夫人。

结发系是初婚，续弦乃是再娶。

妇人重婚曰再醮；男子无偶曰鳏居。

如鼓瑟琴，夫妻好合之谓；琴瑟不调，夫妇反目之词。

牝鸡司晨，比妇人之主事；河东狮吼，讥男子之畏妻。

杀妻求将，吴起何其忍心；蒸梨出妻，曾子善全孝道。

张敞为妻画眉，媚态可哂；董氏为夫封发，贞节堪夸。

冀郤缺夫妻相敬如宾；陈仲子夫妇灌园食力。

不弃糟糠，宋弘回光武之语；举案齐眉，梁鸿配孟光之贤。

苏蕙织回文，乐昌分破镜，是夫妇之生离；张瞻炊臼梦，庄子鼓盆歌，是夫妇之死别。

鲍宣之妻，提瓮出汲，雅得顺从之道；齐御之妻，窥御激夫，可称内助之贤。

可怪者买臣之妻，因贫求去，不思覆水难收；可丑者，相如之妻，夤夜私奔，但识丝桐有意。

要知身修而后家齐；夫义自然妇顺。

【注释】

孤阴则不生，独阳则不长，故天地配以阴阳；男以女为室，女以男为家，故人生偶以夫妇。室，家：古代夫妻之间互称。

阴阳和而后雨泽降，夫妇和而后家道成。

夫谓妻曰拙荆，又曰内子；妻称夫曰藁砧，又曰良人。藁砧：音搞店，妇女称丈夫之隐语。

贺人娶妻。曰荣偕伉俪；留物与妻，曰归遗细君。

受室即是娶妻，纳宠谓人娶妾。宠：爱。

正妻谓之嫡，众妾谓之庶。嫡：古指正妻或正妻所

生的儿子。

称人妻曰尊夫人，称人妾曰如夫人。

结发系是初婚，续弦乃是再娶。古代用断弦比喻丧妻，续弦指再娶。

妇人重婚曰再醮，男子无偶曰鳏居。醮：音叫，古代举行婚礼时酌酒给人的一种仪式，后来指女子嫁人。

如鼓瑟琴，夫妻好合之谓；琴瑟不调，夫妇反目之词。

牝鸡司晨，比妇人之主事；河东狮吼，讥男子之畏妻。牝：音聘，雌。

杀妻求将，吴起何其忍心；蒸梨出妻，曾子善全孝道。战国时齐国讨伐鲁国，鲁国想任用吴起为大将，但担心吴起的妻子是齐国人而犹豫不决，于是吴起杀掉自己的妻子而取得鲁国的信任。曾参对后母极为孝顺，他的妻子给婆婆蒸梨不熟，曾参把妻子给休了。

张敞为妻画眉，媚态可哂；董氏为夫封发，贞节堪夸。董氏：唐朝人贾直言被贬岭南，他的妻子守节不嫁人，将头发封包起来，二十年后贾直言回家，董氏的头发仍然封包如故，等到解开洗头，头发全部落下。

冀郤缺夫妻，相敬如宾；陈仲子夫妇，灌园食力。

冀：古指河北地区。郤缺：春秋时河北地区人，夫妻相敬如宾。陈仲子：战国时齐国人，听说楚王要请他做官，夫妇二人逃走，为人灌园，自食其力。

不弃糟糠，宋弘回光武之语；举案齐眉，梁鸿配孟光之贤。宋弘：东汉人，光武帝刘秀想要宋弘抛弃妻子，改娶湖阳公主，宋弘回答“贫贱之交不可忘，糟糠之妻不下堂”。

苏蕙织回文，乐昌分破镜，是夫妇之生离；张蟾炊臼梦，庄子鼓盆歌，是夫妇之死别。乐昌：南朝陈灭亡时乐昌公主与丈夫徐德言将铜镜一分为二，各执一半，后来破镜重圆。张蟾：商人，梦见用石臼做饭，就去请王生算卦，王生告诉他说，此没有妇之意也。张蟾回家一看，妻子果然死了。庄子妻子死了，就鼓盆而歌。

鲍宣之妻，提瓮出汲，雅得顺从之道；齐御之妻，窥御激夫，可称内助之贤。汉代人鲍宣的老师将女儿桓少君嫁给他，鲍宣说：我很贫贱，不敢当，桓少君就穿上粗布衣服，出门去提水。瓮：瓦罐。汲：打水。齐国丞相晏子的车夫之妻，见丈夫洋洋自得，就激将他说：晏子不过六尺高，做齐国丞相，你身高八尺，做驾车的奴仆，是安于贫贱罢了。车

夫于是十分注意修身，后来受晏子推荐做了大夫。

可怪者买臣之妻，因贫求去，不思覆水难收。可丑者相如之妻，夤夜私奔，但识丝桐有意。夤夜：深夜。丝桐：指琴。

要知身修而后家齐，夫义自然妇顺。

叔侄

【原文】

曰诸父，曰亚父，皆叔父之辈；曰犹子，曰比儿，俱侄儿之称。

阿大中郎，道韫雅称叔父；吾家龙文，杨素比美侄儿。

乌衣诸郎君，江东称王谢之子弟；吾家千里驹，苻坚羡苻朗为侄儿。

竹林叔侄之称，兰玉子侄之誉。

存侄弃儿，悲伯道之无后；视叔犹父，羡公绰之居官。

卢迈无儿，以侄而主身之后；张范遇贼，以子而代侄之生。

【注释】

曰诸父、曰亚父，皆叔父之辈；曰犹子、曰比儿，俱侄儿之称。亚：次。比：并。

阿大中郎，道韫雅称叔父；吾家龙文，杨素比美侄儿。谢安侄女谢道韫，曾称他的叔父为阿大郎中。杨素：隋朝人，曾称赞他的侄儿杨憎为吾家龙文。

乌衣诸郎君，江东称王谢之子弟；吾家千里驹，苻坚羡苻朗为侄儿。晋代大族王导、谢安的子弟都住在乌

衣巷，被称为“乌衣郎君”。千里驹：前秦皇帝苻坚曾夸奖他的侄儿苻朗为千里驹。

竹林叔侄之称，兰玉子侄之誉。晋代竹林七贤中阮咸、阮籍是叔侄，故称叔侄为贤竹林。兰玉：指芝兰、玉树。

存侄弃儿，悲伯道之无后；视叔犹父，羡公绰之居官。晋代邓伯道在战乱中丢了儿子救下侄儿。唐朝柳公权富贵之后对待叔父如对待父亲。

卢迈无儿，以侄而主身之后；张范遇贼，以子而代侄之生。唐代人卢迈说“兄弟的儿子就像是自己的儿子一样，可以照料将来”。张范：三国时魏国人，曾遇贼，请求用自己的儿子代替侄儿去死，强盗将他的儿子侄子都放了。

师　生

【原文】

马融设绛帐，前授生徒，后列女乐；孔子居杏坛，贤人七十，弟子三千。

称教馆曰设帐，又回振铎；谦教馆曰糊口，又曰舌耕。

师曰西宾，师席曰函丈。

学曰家塾，学俸日束修。

桃李在公门，称人弟子之多；苜蓿长阑干，奉师饮食之薄。

冰生于水而寒于水，比学生过于先生；青出于蓝而胜于蓝，谓弟子优于师傅。

未得及门，曰宫墙外望；称得秘授，曰衣钵真传。

人称杨震为关西夫子，世称贺循为当世儒宗。

负笈千里，苏章从师之殷；立雪程门，游杨敬师之至。

弟子称师之善教，曰如坐春风之中；学业感师之造成，曰仰沾时雨之化。

【注释】

马融设绛帐，前授生徒，后列女乐；孔子居杏坛，贤人七十，弟子三千。汉人马融曾经设立帷帐，前面讲课，后面设立女乐。

称教馆曰设帐，又曰振铎；谦教馆曰糊口，又曰舌耕。振铎：摇动铃铛。《尚书》中载，古代每年奏派人摇动铃铛一路上进行教化，故用振铎指教育。

师曰西宾，师席曰函丈。学曰家塾，学俸曰束修。西代主人坐东面，老师坐西面，故称西宾。

桃李在公门，称人弟子之多；苜蓿长阑干，奉师饮食之薄。

冰生于水而寒于水，比学生过于先生；青出于蓝而胜于蓝，谓弟子优于师傅。“青出于蓝而胜于蓝，冰生于水而寒于水”语出《荀子》。

未得及门，曰宫墙外望；称得秘授，曰衣钵真传。《论语》“夫子之墙数仞，不得其门而入”，此未得及门即指此。

人称杨震为关西夫子，世称贺循为当世儒宗。杨震：汉人。贺循：晋代人。

负笈千里，苏章从师之殷；立雪程门，游杨敬师之至。苏章：汉人，曾不远千里求学。游杨：指宋代人游酢、杨时。

弟子称师之善教，曰如坐春风之中；学业感师之造成，曰仰昌时雨之化。时雨：合时令的雨。

朋友宾主

【原文】

取善辅仁，皆资朋友；往来交际，迭为主宾。

尔我同心曰金兰；朋友相资日丽泽。

东家曰东主，师傅曰西宾。

父所交游，尊为父执；己所共事，谓之同袍。

心志相孚为莫逆，老幼相交曰忘年。

刎颈交，相如与廉颇；总角好，孙策与周瑜。

雷义之与陈重，胶漆相投；元伯之与巨卿，鸡黍之待。

与善人交，如入芝兰之室，久而不闻其香；与恶人交，如入鲍鱼之肆，久而不闻其臭。

肝胆相照，斯为腹心之友；意气不孚，谓之口头之交。

彼此不合，谓之参商；尔我相仇，如同冰炭。

民之失德，乾糇以愆；他山之石，可以攻玉。

落月屋梁，相思颜色；暮云春树，想望丰仪。

分首判袂，叙别之辞；拥彗扫门，迎迓之敬。

陆凯折梅逢驿使，聊寄江南一枝春；王维折柳赠行人，遂唱阳关三迭曲。

频来无忌，乃云入慕之宾；不请自来，谓之不速之客。

醴酒不设，楚王戊待士之意怠；投辖于井，汉陈遵留客之心诚。

蔡邕倒屣以迎宾，周公握发而待士。

陈蕃器重徐稚，下榻相延；孔子道遇程生，倾盖而语。

伯牙绝弦失子期，更无知音之辈；管宁割席拒华歆，调非同志之人。

分金多与，鲍叔独知管仲之贫；绨袍垂爱，须贾深怜范叔之窘。

要知主宾联以情，须尽东南之美；朋友合以义，当展切偲之诚。

【注释】

取善辅仁，皆资朋友；往来交际，迭为主宾。善：长处。仁：仁义。资：凭借，依靠。迭：交替，轮流。

尔我同心，曰金兰；朋友相资，曰丽泽。《易经》有云“二人同心，其利断金；同心之言，其臭如兰”。

东家曰东主，师傅曰西宾。古人待客，主人在东，宾客在西。

父所交游，尊为父执；己所共事，谓之同袍。执：至交，好友。

心志相孚为莫逆，老幼相交曰忘年。孚：相应，符合。

刎颈交，相如与廉颇；总角好，孙策与周瑜。总角：古代儿童将头发梳成一个向上的小辫，这里指童年时代。

胶漆相投，陈重与雷义之；鸡黍之约，元伯之与巨卿。陈重、雷义之：汉代人。人们称他们的关系就像胶漆一样坚固。汉人范巨卿在太学与张元伯分手时约定两年后探望张元伯的母亲。两年后张元伯让母亲准备好鸡与黍招待，他母亲说："分别两年，千里之外，难以认真。"张元伯说："范巨卿是信人，一定不会违约。"结果范巨卿果然如期而来。

与善人交，如入芝兰之室，久而不闻其香；与恶人交，如入鲍鱼之肆，久而不闻其臭。鲍鱼：腌鱼。

肝胆相照，斯为腹心之友；意气不孚，谓之口头之交。孚：相应，符合。

彼此不合，谓之参商；尔我相仇，如同冰炭。

民之失施，干糇以愆；他山之石，可以攻玉。干糇以愆：一块干粮也会引来纠纷。糇：干粮。愆：差错，失误。攻：琢磨。

落月屋梁，相思颜色；暮云春树，想望丰仪。颜色：指面容。丰仪：仪表。

王阳在位，贡禹弹冠以待荐；杜伯非罪，左儒宁死不拘君。王阳、贡禹：汉人，二人是挚友。王阳担任益州刺史，贡禹就弹冠相庆，等待他推荐自己。杜伯、左儒：周宣王时人。周宣王无故杀杜伯，左儒力争，后杜伯被杀，左儒也跟着死了。

分首判袂，叙别之辞；拥彗扫门，迎迓之敬。分手：分头。判袂：握在一起的袖子分开。魏文侯拿着扫帚打扫门前，迎接朋友。

陆凯折梅逢驿使，聊寄江南一枝春；王维折柳赠行人，遂唱阳关三叠曲。晋陆凯赋诗寄予范晔“折梅逢驿使，寄予陇头人，江南无所有，聊寄一枝春”。

频来无忌，乃云入幕之宾；不请自来，谓之不速之客。幕：指帷帐。速：邀请。

醴酒不设，楚王戊待士之意怠；投辖于井，汉陈遵留客之心诚。楚元王与穆生交情很好，穆生不喜欢喝酒，元王每次设宴就为他准备甜酒，后楚王戊继位，忘了准备甜酒，穆生说：“可以离去了”。汉代陈遵每次宴请宾客，总是把客人的车辖投入井中，不让客人走。

蔡邕倒屣以迎宾，周公握发而待士。

陈蕃器重徐稚，下榻相延；孔子道遇程生，倾盖而语。汉代豫章太守陈蕃很器重隐士徐稚，专门一个坐榻

接待他。倾盖：车盖接在一起。

伯牙绝弦失子期，更无知音之辈；管宁割席拒华歆，谓非同志之人。绝：断，拉断。

分金多与，鲍叔独知管仲之贫；绨袍垂爱，须贾深怜范叔之窘。齐国人鲍督牙曾与管仲一起经商，因管仲家贫，总是多分钱与管仲。战国时范雎曾受须贾陷害，后逃去秦国任相国。须贾出使秦，范雎破衣去见，须贾送他一件绨袍。第二天，须贾才发现范雎已担任秦国相国。

要知主宾联以情，须尽东南之美；朋友合以义，当展切偲之诚。《滕王阁序》“宾主尽东南之美”。意思是说宾主都是东南地区优秀的人士。切：恳切。偲：音思，劝勉；又音猜，美好之意。

婚 姻

【原文】

良缘由夙缔；佳偶自天成。

蹇修与柯人，皆是煤妁之号；冰人与掌判，悉是传言之人。

礼须六礼之周；好合二姓之好。

女嫁曰于归，男婚日完娶。

婚姻论财，夷虏之道；同姓不婚，周礼则然。

女家受聘礼，谓之许缨；新妇谒祖先，谓之庙见。

文定纳采，皆为行聘之名；女嫁男婚，谓了子平之愿。

聘仪日雁币，卜妻曰凤占。

成婚之日曰星期，传命之人曰月老。

下采即是纳币，合卺系是交杯。

执巾栉，奉箕帚，皆女家自谦之词；娴姆训，习内则，皆男家称女之说。

绿窗是贫女之室，红楼是富女之居。

姚夭谓婚姻之及时．摽梅谓婚期之已过。

御沟题叶，于祐始得宫娥；绣幕牵丝，元振幸获美女。

汉武与景帝论妇，欲将金屋贮娇；韦固与月老论婚，始知赤绳系足。

朱陈一村而结好；秦晋两国以联姻。

蓝田种玉，雍伯之缘；宝窗选婿，林甫之女。

架鹊桥以渡河，牛女相会；射雀屏而中目，唐高得妻。

至若礼重亲迎，所以正人伦之始；诗首好逑，所以崇王化之原。

【注释】

良缘由夙缔，佳偶自天成。夙：早。缔：结。

蹇修与柯人，皆是煤妁之号；冰人与掌判，悉是传言之人。蹇：音简。《歧路灯》有“只为谭宅此时蹇修联影，也就水语聒聪”妁：音硕。

礼须六礼之周，好合二姓之好。六礼：指纳采、问名、纳吉、纳征、请期、亲迎等六种礼节。

女嫁曰于归，男婚曰完娶。《诗经》有云“之子于归”。

婚姻论财，夷虏之道；同姓不婚，周礼则然。夷虏：古代指边缘落后的民族。

女家受聘礼，谓之许缨；新娘谒祖先，谓之庙见。缨：绳子。女子同意嫁人，就系上一条绳子，表示已有归属。

文定纳采，皆为行聘之名；女嫁男婚，谓了子平之愿。子平：汉代人向长，字子平。向长研究《易经》，很想进山修行。在女儿出嫁、儿子娶妻之后就去五岳名山游览，再也没有回来。

聘仪曰雁币，卜妻曰凤占。因为雁不再次寻偶，故将聘礼曰雁币。

成婚之日曰星期，传命之人曰月老。《诗经》中有“三星在天”的句子描写结婚的晚上，后来把结婚的日子叫作星期。

下采即是纳币，合卺系是交杯。卺：音锦，古代结婚时用的酒器。

执巾栉，奉箕帚，皆女家自谦之词；娴姆训，习内则，皆男家称女之说。姆：古代指能以妇道教人的老妇。

绿窗是贫女之室，红楼是富女之居。白居易有诗“绿窗贫家女，衣上无珍珠，红楼富家女，金缕绣罗襦”。

姚夭谓婚姻之及时．摽梅谓婚期之已过。《诗经》有“桃之夭夭”歌颂女子出嫁，又有“摽有梅,其实七兮”写女子已到了出嫁的年龄。摽，音标，去声，落下。

御沟题叶，于祐始得宫娥；绣幕牵丝，元振幸获

美女。唐代人于祜曾在皇宫水沟中拾到一片有宫女题诗的树叶，于祜也题诗让树叶漂回宫中，后来皇帝放宫女出嫁，于祜与娶回的宫女一谈，才知正是那位与自己互相题诗的宫女。唐代宰相张嘉贞对荆州都督郭元振说：“我有五个女儿，各拿着一根丝在幕后，你牵到谁，就让她嫁给你。”结果郭元振得到他的三女儿。

汉武与景帝论妇，欲将金屋贮娇；韦固与月老论婚，始知赤绳系足。汉武帝小时候曾说“如果了阿娇（武帝的姑姑长公主的女儿），将建造金屋给她住。”韦固：唐人，曾遇见一个老人在月光下指着布囊说“这里装的是红绳子，用来拴夫妻的脚”。

朱陈一村而结好，秦晋两国以联姻。《事文类聚》载：朱陈两姓，世代通婚。秦晋：古代秦国和晋国世代结成婚姻。

蓝田种玉，雍伯之缘；宝窗选婿，林甫之女。《搜神记》载：杨雍伯给行人供水，有人送他一升菜籽说：“种下去可以长出玉，也可以娶得好妇人。”后杨果得玉，并以此为聘礼娶到徐氏女子。晋代李林甫在墙上开一个暗窗，每有弟子来拜见，就让她的六个女儿在窗下自选女婿。

架鹊桥以渡河，牛女相会；射雀屏而中目，唐高得妻。隋代窦毅画一孔雀在屏上选女婿，结果李渊射中孔雀的眼睛娶了他的女儿。

至若礼重亲迎，所以正人伦之始；诗首好逑，所以崇王化之原。礼重亲迎：礼法重视亲自迎娶。崇王化之原：尊崇君王老化的根本。

女　子

【原文】

男子秉乾之刚，女子配坤之顺。

贤后称女中尧舜，烈女称女中丈夫。

曰闺秀，曰淑媛，皆称贤女；曰阃范，曰懿德，并美佳人。

妇主中馈，烹治饮食之名；女子归宁，回家省亲之谓。

何谓三从，从父、从夫、从子；何谓四德，妇德、妇言、妇工、妇容。

周家母仪，太王有周姜，王季有太妊，文王有太姒；三代亡国，夏桀以妹喜，商纣以妲己，周幽以褒姒。

兰蕙质，柳絮才，皆女人之美誉；冰雪心，柏舟操，悉孀妇之清声。

女貌娇娆，谓之尤物；妇容妖媚，实可倾城。

潘妃步朵朵莲花；小蛮腰纤纤杨柳。

张丽华发光可鉴，吴绛仙秀色可餐。

丽娟气馥如兰，呵气结成香雾；太真泪红于血，滴时更结红冰。

孟光力大，石臼可擎；飞燕身轻，掌上可舞。

至若缇萦上书而救父，卢氏冒刃而卫姑，此女之孝者；侃母截发以延宾，村媪杀鸡而谢客，此女之贤者；韩玖英恐贼秽而自投于秽，陈仲妻恐陨德而宁陨于崖，此女之烈者；王凝妻被牵断臂投地、文叔妻誓志，引刀割鼻，此女之节者。曹大家续完汉帙，徐惠妃援笔成文，此女之才者；戴女之练裳竹笥、孟光之荆钗布裙，此女之贫者。柳氏秃妃之发，郭氏绝夫之嗣，此女之妒者；贾女赠韩寿之香，齐女致祆庙之毁，此女之淫者。

东施效颦而可厌，无盐刻画以难堪，此女之丑者。

自古贞淫各异，人生妍丑不齐，是故生菩萨、九子母、鸠盘茶，谓妇态之更变可畏；钱树子、一点红、无廉耻，谓青楼之妓女殊名，此固不列于人群，亦可附之以博笑。

【注释】

男子禀乾之刚，女子配坤之顺。

贤后称女中尧舜，烈女称女中丈夫。

曰闺秀、曰淑媛，皆称贤女；曰阃范、曰懿德，并美佳人。阃：音捆，妇女的居处。懿：美。

妇主中馈，烹治饮食之名；女子归宁，回家省亲之谓。中馈：在家中准备食物。

何谓三从，从父从夫从子；何谓四德，妇德妇言妇工妇容。

周家母仪，太王有周姜，王季有太妊，文王有太姒；三代亡国，夏桀以妹喜，商纣以妲己，周幽以褒姒。

兰蕙质，柳絮才，皆女人之美誉；冰雪心，柏舟操，悉霜妇之清声。柳絮才：指晋代才女谢道韫咏雪句。冰雪心：古代蒋顺怡有妻子周氏，蒋死后，周氏作诗“瑶池故冰雪，为妾做心肝”表示自己清白不嫁的决心。柏舟操：古代卫国孀妇共姜曾作诗“泛彼柏舟，在彼中河”表示自己不嫁的决心。

女貌娇娆，谓之尤物；妇容妖媚，实可倾城。

潘妃步朵朵莲花，小蛮腰纤纤杨柳。南齐东昏候曾经凿金为莲花，帖在地上，让潘妃在上面行走，称为步步生莲。小蛮：白居易的妾，善舞。

张丽华发光可鉴，吴绛仙秀色可餐。张丽华：陈后主的妃子。吴绛仙：隋炀帝的妃子。

丽娟气馥如兰，呵气结成香雾；太真泪红于血，滴时更结红冰。丽娟：汉武帝的宫女，玉肤柔软，吹气如兰。太真：即杨贵妃。

孟光力大，石臼可擎；飞燕身轻，掌上可舞。孟光：汉代梁鸿之妻。飞燕：即赵飞燕，汉成帝的妃子。

至若缇萦上书而救父，卢氏冒刃而卫姑，此女之孝者；缇萦：汉代淳于意的女儿，自愿入官当奴隶，赎父亲的罪。卢氏：唐代郑义宗的妻子，在强盗打劫时，冒着被打死的危险保护婆婆。

侃母截发以延宾，村媪杀鸡而谢客，此女之贤者；晋代侃的母亲剪发换钱招待客人。村媪：村妇。传说汉武帝微服私访，晚上到柏谷村，人们以为是盗贼，村中有一老妇说“来客不是寻常人”于是杀鸡表示歉意。

韩玖英恐贼秽而自投于秽，陈仲妻恐陨德而宁陨于崖，此女之烈者；唐女唐玖英恐为强盗抓住受辱，就跳入粪坑中弄脏身体，强盗就放过了她。陈仲：唐代人。他的妻子张氏与两个嫂子遇到强盗，恐怕受辱，就跳崖而死。

王凝妻被牵，断臂投地，曹令女誓志，引刀割鼻，此女之节者；五代人王凝的妻子手臂被店主人抓住过，就用斧头自断手臂。曹令女：夏侯文宁之女，名令，嫁给曹文叔，守寡后用刀割鼻以示自己不再嫁的决心。

曹大家续完汉帙，徐惠妃援笔成文，此女之才者；班昭，班固的妹妹，嫁曹世叔，早寡，接续完成了班固

著的《汉书》。皇帝称赞她为曹大家。帙：音志，书，书套。徐惠妃：徐孝德的女儿，名惠，八岁提笔成文，后为唐太宗的妃子。

戴女之练裳竹笥，孟光之荆钗裙布，此女之贫者；东汉戴良的女儿出嫁，都只用白布衣服竹箱作为嫁妆。

柳氏秃妃之发，郭氏绝夫之嗣，此女之妒者；柳氏：指唐代任环的妻子柳氏，柳氏要将皇帝赏给任环的两个美女头发烂掉，皇帝于是让这两名美妇另室而居。郭氏：晋代贾充的妻子氏生了孩子，请乳母抚养，贾充看望儿子，郭氏以为贾充与乳母有私情，就鞭杀乳母，结果儿子因为思念乳母而死。

贾女偷韩寿之香，齐女致袄庙之毁，此女之淫者。贾充的女儿偷皇帝赐给贾充的香送给韩寿，与他私通，后贾充将女儿嫁给了韩寿。齐女：北齐公主与乳母的儿子相约在袄庙中相会，乳母的儿子先到，睡着了，公主来后，将小时候两人同玩的玉环丢在乳母儿子身上，乳母的儿子醒来后，欲火中烧，就放一把火将袄教的庙烧掉了。

东施效颦而可厌，无盐刻画以难堪，此女之丑者。

自古贞淫各异，人生妍丑不齐。妍：美丽。

是故生菩萨、九子母、鸠盘茶，谓妇态之更变可畏；钱树子、一点红、无廉耻，谓青楼之妓女殊名。相传唐代裴炎曾经说“妻子有三可怕，年轻时如活菩萨，中年儿子满前如九子母，老年面貌或青或黑，如鸠盘茶”。

此固不列于人群，亦可附之以博笑。

外 戚

【原文】

帝女乃公侯主婚，故有公主之称；帝婿非正驾之车，乃是驸马之职。

郡主县君，皆宗女之谓；仪宾国宾，皆宗婿之称。

旧好曰通家，好亲日懿戚。

冰清玉润，丈人女婿同荣；泰水泰山，岳母岳父两号。

新婿曰娇客；贵婿日乘龙。

赘婚曰馆甥，贤婚曰快婿。

凡属东床，俱称半子。

女子号门楣，唐贵妃有光于父母；外甥称宅相，晋魏舒期报于母家。

共叙旧姻，曰原有瓜葛之亲；自谦劣戚，曰忝在葭莩之末。

大乔小乔，皆姨夫之号；连襟联袂，亦姨夫之称。

蒹葭依玉树，自谦借戚属之光；茑萝施乔松，自幸得依附之所。

【注释】

帝女乃公侯主婚，故有公主之称；帝婿非正驾之车，乃是驸马之职。驸马：原是官名，管理副驾之车，东晋以后专指皇帝之婿。

郡主县主，皆宗女之谓；仪宾国宾，皆宗婿之称。与天子同姓诸侯的女儿，由郡县主婚，故称郡主、县主。仪宾、国宾：指与天子同姓诸侯的女婿，取其作王府宾客的意思。

旧好曰通家，好亲曰懿戚。通家：世代交好。懿：美好。

冰清玉润，丈人女婿同荣；泰水泰山，岳母岳父两号。冰清玉润：晋代乐广和他的女婿卫玠都很有名声，被人们分别称赞为冰清、玉润。

新婿曰娇客，贵婿曰乘龙。

赘婿曰馆甥，贤婿曰快婿。

凡属东床，俱称半子。东床：晋代郗鉴让门生到王导家去求亲，王导让他到东厢遍观王家子弟，门生回去报告说："王家的子弟都不错，只是有一个人躺在东床上，露着肚子，吃胡饼，像什么都没听见一样。"郗鉴说："这个人就是我的女婿。"去一问，原来东边床上的那个人就是王羲之。后用东床代指女婿。

女子号门楣，杨贵妃有光于父母；外甥称宅相，

晋魏舒期报于母家。门楣：门的横木，门面的意思。宅相：住宅有好风水。晋代魏舒被外公宁氏抚养，人们称宁家住宅要出宝贵的外甥。

共叙旧姻，曰原有瓜葛之亲；自谦劣戚，曰忝在葭莩之末。瓜葛：瓜藤。是辗转相连的亲戚关系。忝：音舔，荣幸，自谦之词。莩：音伏。

大乔小乔，皆姨夫之号；连襟联袂，亦姨夫之称。

蒹葭依玉树，自谦借戚属之光；茑萝施乔松，自幸得依附之所。茑萝施乔松：茑草与女萝依附与松树上，茑、萝：寄生草。

老幼寿诞

【原文】

不凡之子，必异其生；大德之人，必得其寿。

称人生日，曰初度之辰；贺人逢旬，曰生申令旦。

三朝洗儿，曰汤饼之会；周岁试周，曰晬[zui]盘之期。

男生辰，曰悬弧令旦；女生辰，曰设帨佳辰。

贺人生子，曰嵩岳降神；自谦生女，曰缓急非益。

生子曰弄璋，生女曰弄瓦。

梦熊梦罴，男子之兆；梦虺梦蛇，女子之祥。

梦兰叶吉兆，郑燕姞生穆公之奇；英物试啼声，晋温峤知桓温之异。

姜嫄生稷，履大人之迹而有娠；简狄生契，吞玄鸟之卵而叶孕。

麟吐玉书，天生孔子之瑞；王燕投怀，梦孕张说之奇。

弗陵太子，怀胎十四月而始生；老子道君，在孕八十一年而始诞。

晚年得子，谓之老蚌生珠；暮岁登科，正是龙头属老。

贺男寿，曰南极星辉，贺女寿，曰中天婺焕。

松柏节操，美其寿元之耐久；桑榆晚景，自谦老景之无多。

矍铄称人康健，聩眊自谦衰颓。

黄发儿齿，有寿之征；龙钟潦倒，年高之状。

日月逾迈，徒自伤悲；春秋几何，问人寿算。

称少年，曰春秋鼎盛，羡高年，曰齿德俱尊。

行年五十，当知四十九年之非；在世百年，那有三万六千日之乐。

百岁曰上寿，八十曰中寿，六十曰下寿；八十日耋，九十曰耄，百岁曰期颐。

童子十岁就外傅，十三舞勺，成童舞象；老者六十杖于乡，七十杖于国，八十杖于朝。

后生固为可畏，而高年尤是当尊。

【注释】

不凡之子，必异其生；大德之人，必得其寿。古人认为不凡的人出生时有异象。

称人生日，日初度之辰；贺人逢旬，曰生申令旦。逢旬：逢十的生日。

三朝洗儿，曰汤饼之会；周岁试周，日晬盘之期。婴儿出生第三天要洗身，并招待亲友吃汤饼。晬：音醉，孩子满一岁，举行抓周仪式。

男生辰曰悬弧令旦，女生辰曰设帨佳辰。帨：音睡，佩巾。古代生了男孩在门左挂一把弓，生了女孩在门右放一块佩巾分别为悬弧，设帨。

贺人生子，曰嵩岳降神；自谦生女，曰缓急非益。汉代淳于意有五个女儿，曾说“生女缓急非益”，意思是缓急时没什么益处。

生子曰弄璋，生女曰弄瓦。璋：玉器。古代生儿子让他玩玉，生女儿让她玩瓦。

梦熊梦罴，男子之兆；梦虺梦蛇，女子之祥。罴：音皮，马熊或人熊。古代认为熊、罴是属阳的动物。虺：音毁，蜥蜴或毒蛇。古代认为虺、蛇都是属阴的动物。

梦兰叶吉，郑文公妾生穆公之奇；英物称奇，温峤闻声知桓温之异。梦兰叶吉：梦见兰叶属吉祥之兆。古代郑文公的妾梦见天使送她兰花，后来果然生下郑穆公。温峤：晋代桓温一岁时，温峤听见他的哭声，就称赞他是奇才。

姜嫄生稷，履大人之迹而有娠；简狄生契，吞玄鸟之卵而叶孕。后稷：音记，与农作物有关。后稷是古代农业的发明者，传说姜嫄踩了巨人的脚印后生下后稷。契是舜时的大臣，相传简狄吞下一枚玄鸟蛋而生下契。

鳞吐玉书，天生孔子之瑞；玉燕投怀，梦孕张说之奇。传说孔子出生前，有麒麟吐出玉书，书上说：“水精之子，继衰周而为素王”。玉燕投怀：唐代张说的母

亲梦见一只玉燕投入怀中，于是怀孕生下张说。

弗陵太子，怀胎十四月而始生；老子道君，在孕八十一年而始诞。汉武帝的太子刘弗陵，传说他母亲怀孕八十一年，才从肋下生下他，一生下头发就是白的，所以叫老子。因为生在李树下，所以姓李。

晚年得子，调之老蚌生珠；暮岁登科，正是龙头属老。暮年考中状元，正是龙头属于年老的人。龙头：状元是进士考试的第一名，称为龙头。

贺男寿曰南极星辉，贺女寿曰中天婺焕。《天文志》载：老人星在南面，又称为南极星。婺：音务。婺星，即女星宿。故中天婺焕指贺女寿。

松柏节操，美其寿元之耐久；桑榆晚景，自谦老景之无多。寿元：寿命和元气。桑榆晚景：太阳余光照在桑树和榆树上的投影。

矍铄称人康健，聩眊自谦衰颓。聩眊：音溃冒，耳聋眼花。

黄发儿齿，有寿之征；龙钟潦倒，年高之状。黄发儿齿：指老人头发变黄，长出小儿一样的牙齿。潦倒：体弱多病的样子。

日月逾迈，徒自伤悲；春秋几何，问人寿算。日月逾迈：指时光流逝。

称少年曰春秋鼎盛，羡高年曰齿德俱尊。春秋鼎盛：指年富力强的时候。齿德俱尊：年龄和品德都高。

行年五十，当知四十九年之非；在世百年，那有三万六千日之乐。非：不足。

百岁曰上寿，八十曰中寿，六十曰下寿；八十曰耋，九十曰耄，百岁曰期颐。耋：音叠，七八十的年纪。耄：音冒，大约七十至九十之间的年纪。《礼记》云：“人生十岁曰幼学……八十九十曰耄……百年曰期颐。”

童子十岁就外傅，十三舞勺，成童舞象；老者六十杖于乡，七十杖于国，八十杖于朝。就外傅：到外面求学。舞勺、舞象：乐舞的名字。

后生固为可畏，而高年尤是当尊。《论语》有“后生可畏，焉知来者”。

身　体

【原文】

百体皆血肉之躯，五官有贵贱之别。

尧眉分八彩，舜目有重瞳。

耳有三漏，大禹之奇形；臂有四肘，成汤之异体。

文王龙颜而虎眉；汉高斗胸而隆准。

孔圣之顶若圩，文王之胸四乳。

周公反握，作兴周之相；重耳骈胁，为霸晋之君。

此皆古圣之英姿，不凡之贵品。

至若发肤不可毁伤，曾于常以守身为大；待人须当量大，师德贵于唾面自干。

谗口中伤，金可铄而肌可销；虐政诛求，敲其骨而吸其髓。

受人牵制，曰掣肘，不知羞愧，曰厚颜。

好生议论，曰摇唇鼓舌；共话衷肠，曰促膝谈心。

怒发冰冠，蔺相如之英气勃勃；炙手可热，唐崔铉之贵势炎炎。

貌虽瘦而天下肥，唐玄宗之自谓；口有蜜而腹有剑，李林甫之为人。

赵子龙一身都是胆，周灵王初生便有须。

来俊臣注醋于囚鼻，法外行凶；严子陵加足于帝腹，忘其尊贵。

已有十年不屈膝，惟郭公慑强蕃；岂为五斗遽折腰，故陶令愿归故里。

断送老头皮，杨璞得妻送之诗；新剥鸡头肉，明皇爱贵妃之乳。

纤指如春笋，媚眼若秋波。

肩曰玉楼，眼名银海。泪曰玉箸；顶曰珠庭。

歇担曰息肩；不服曰强项。

丁谓与人拂须，何其谄也；彭乐截肠决战，不亦勇乎。

剜肉医疮，权济目前之急；伤胸扪足，计安众士之心。

汉张良蹑足附耳；黄眉翁洗髓伐毛。

尹继伦，契丹称为黑面大王；博尧俞，宋后称为金玉君子。

土木形骸，不自妆饰；铁石心肠，秉性坚刚。

叙会晤，曰得挹芝眉；叙契阔，曰久违颜范。

请女客，曰奉迓金莲，邀亲友，曰敢攀玉趾。

侏儒谓人身矮，魁梧称人貌奇。

龙章凤姿，廊庙之彦；獐头鼠目，草野之夫。

恐惧过甚，曰畏首畏尾；感佩不忘，曰刻骨铭心。

貌丑曰不扬，貌美曰冠玉。

足跛曰蹒跚，耳聋曰重听。

欺欺艾艾，口讷之称；喋喋便便，言多之状。

可嘉者小心翼翼，可鄙者大言不惭。

腰细曰柳腰，身小曰鸡肋。

笑人齿缺，曰狗窦大开；讥人不决，曰鼠首偾事。

口中雌黄，言事而多改移；皮里春秋，心中自有褒贬。

唇亡齿寒，谓彼此之失依；足上首下，谓尊卑之颠倒。

所为得意，曰吐气扬眉；待人诚心，曰推心置腹。

心荒曰灵台乱，醉倒曰玉山颓。

睡曰黑甜，卧曰息偃。

口尚乳臭，调世人年少无知；三折其肱，谓医士老成谙练。

西子捧心，愈见增妍；丑妇效颦，弄巧反拙。

慧眼始知道骨，肉眼不识贤人。

婢膝奴颜，谄容可厌；胁肩谄：笑，媚态难堪。

忠臣披肝，为君之药；妇人长舌，为厉之阶。

事遂心曰如愿；事可愧曰汗颜。

人多言，曰饶舌，物堪食，曰可口。

泽及枯骨，西伯之深仁；灼艾分痛，宋祖之友爱。

唐太宗为臣疗病，亲剪其须；颜杲卿骂贼不辍，贼断其舌。

不较横逆，曰置之度外；洞悉虏情，曰已入掌中。

马良有白眉，独出乎众；阮籍作青眼，厚待乎人。

咬牙封雍齿，计安众将之心；含泪斩丁公，法正叛臣之罪。

掷果盈车，潘安仁美姿可爱；投石满载，张孟阳丑态堪憎。

事之可怪，妇人生须；事所骇闻，男人诞子。

求物济用，谓燃眉之急；悔事无成，曰噬脐何及。

情不相关，如秦越人之视肥瘠；事当探本，如善医者只论精神。

无功食禄，谓之尸位素餐；谫劣无能，谓之行尸走肉。

老当益壮，宁知白首之心；穷且益坚，不坠青云之志。

一息尚存，此志不容少懈；十手所指，此心安可自欺。

【注释】

百体皆血肉之躯，五官有贵贱之别。百体：指身体的各器官。

尧眉分八彩，舜目有重瞳。传说尧的眉毛有八种颜色，舜的眼中有两颗瞳仁，都是帝王之相。

耳有三漏，大禹之奇形；臂有四肘，成汤之异体。

文王龙颜而虎眉，汉高斗胸而隆准。隆准：高鼻梁。

孔圣之顶若芋，文王之胸四乳。芋：芋艿，一种植物，俗名芋头。

周公反握，作兴周之相；重耳骈胁，为霸晋之君。骈胁：肋骨连接在一起。

此皆古圣之英姿，不凡之贵品。古圣：古代圣人。此处指古代圣人均有非凡的相貌。

至若发肤不可毁伤，曾子常以守身为大；待人须当量大，师德贵于唾面自干。曾子认为身体发肤受之父母，不敢毁伤。唐人娄师德认为度量应该大，别人唾面，应该让唾沫自干。

谗口中伤，金可铄而骨可销；虐政诛求，敲其肤而吸其髓。诛求：征取，索求。

受人牵制曰掣肘，不知羞愧曰厚颜。掣肘：拉住胳膊，指为人阻挠。

好生议论，曰摇唇鼓舌；共话衷肠，曰促膝谈心。衷肠：衷心。

怒发冰冠，蔺相如之英气勃勃；炙手可热，唐崔铉之贵势炎炎。蔺相如：战国时赵国人，曾出使秦国，斥责秦王不守信用而怒发冲冠。崔铉：唐朝宰相，权势很大，时人谓之“炙手可热”。

貌虽瘦而天下肥，唐玄宗之自谓；口有蜜而腹有剑，李林甫之为人。李林甫：唐宰相，很阴险，人称他口蜜腹剑。

赵子龙一身都是胆，周灵王初生便有须。

来俊臣注醋于囚鼻，法外行凶；严子陵加足于帝腹，忘其尊贵。唐代来俊臣很残酷，常向犯人的鼻子里灌醋。严子陵：东汉严光，字子陵，是光武帝刘秀的好朋友。有一天光武帝与他同睡，他将脚伸到光武帝的肚子上，太史第二天报告天象说："有客星侵犯帝星"。光武帝说："那是我和严子陵同卧"。

久不屈兹膝，郭子仪尊居宰相；不为米折腰，陶渊明不拜吏胥。郭子仪：唐朝宰相。魏博节度使田承嗣曾向他下拜说"我的膝盖已有十年没弯曲了，今天是为宰想您才下拜"。陶渊明：晋代人，任彭泽县令时，不愿向郡里的官员弯腰。

断送老头皮，杨璞得妻送之诗；新剥鸡头肉，明皇爱贵妃之乳。杨璞：宋代人，应皇帝之召到京城，他的妻子曾作诗为他送行，有"今日捉将官里去，这回断送老头皮"的诗句。鸡头：水生植物鸡头莲的果实。唐明皇曾赞杨贵妃之乳象新剥的鸡头肉。

纤指如春笋，媚眼若秋波。

肩曰玉楼，眼名银海；泪曰玉箸，顶曰珠庭。玉箸：指泪线。

歇担曰息肩，不服曰强项。强项：硬脖子。

丁谓与人拂须，何其谄也；彭乐截肠决战，不亦勇乎。丁渭：宋代参政，曾为寇准擦掉须上的菜羹，寇准说："你是国家大臣，怎么为人拂须呢？"彭乐：北齐人，与周文决战时被刺肠子流出，他将肠子截断再战。

剜肉医疮，权济目前之急；伤胸扪足，计安众士之心。汉高祖刘邦被项羽射伤胸部，刘邦为安定众心，捂住脚说："贼射中了我的脚趾。"

汉张良蹑足附耳，东方朔洗髓伐毛。蹑：有意识地蹈踏。韩信要刘邦封他为假齐王。刘邦非常生气，张良踩刘邦的脚，附在他耳连建议为大局着想，封韩信为真王。传说汉代东方朔遇见一黄须老人，老人说："我不吃饭九千年了，三千年洗一次胃髓，剥皮去一次毛。"

尹继伦，契丹称为黑面大王；傅尧俞，宋后称为金玉君子。尹继伦：北宋大将，契丹人称他为"黑面大王"。傅尧臣：宋代大臣，被称为金玉君子。

土木形骸，不自妆饰；铁石心肠，秉性坚刚。土木形骸：指人的身体像土木一样自然，不需修饰。

叙会晤曰得挹芝眉，叙契阔曰久违颜范。唐代人元德秀，字紫芝，很有风骨，房琬每次见到他都感叹说“我见到紫芝的眉宇，名利之心都没有了”。契阔：久别之意。颜范：赞美别人面容可以作人的模范。

请女客曰奉迓金莲，邀亲友曰敢攀玉趾。迓：迎接。敢攀玉趾：请人移步的意思。

侏儒谓人身矮，魁梧称人貌奇。

龙章凤姿，廊庙之彦；獐头鼠目，草野之夫。龙章凤姿：龙的外表，凤的姿态。

恐惧过甚，曰畏首畏尾；感佩不忘，曰刻骨铭心。

貌丑曰不扬，貌美曰冠玉。冠玉：帽上的美玉。

足跛曰蹒跚，耳聋曰重听。

期期艾艾，口讷之称；喋喋便便，言多之状。

可嘉者小心翼翼，可鄙者大言不惭。

腰细曰柳腰，身小曰鸡肋。

笑人齿缺，曰狗窦大开；讥人不决，曰鼠首偾事。偾：音愤。偾事：败事。

口中雌黄，言事而多改移；皮里春秋，胸中自有褒贬。古代用黄纸写字，有笔误，就用雌黄涂沫。皮里春秋：晋代人褚裒名声很大，桓彝说他：“有皮里春秋”。意思是表面没有评论，胸中自有褒贬。

唇亡齿寒，谓彼此之失依；足上首下，谓尊卑之颠倒。

所为得意，曰吐气扬眉；待人诚心，曰推心置腹。

心荒曰灵台乱，醉倒曰玉山颓。灵台：指心。玉山：头。

睡曰黑甜，卧曰息偃。东坡有“一枕黑甜余”的诗句。

口尚乳臭，调世人年少无知；三折其肱，谓医士老成谙练。三折其肱：指人三次折断手臂，就可成为良医。谙练：熟练。

西子捧心，愈见增妍；丑妇效颦，弄巧反拙。

慧眼始知道骨，肉眼不识贤人。慧眼：佛家语。《金刚经》载“如来有慧眼”。

婢膝奴颜，谄容可厌；胁肩谄笑，媚态难堪。

忠臣披肝，为君之药；妇人长舌，为厉之阶。忠臣披肝沥胆是君王的良药。厉：祸。

事遂心曰如愿，事可愧曰汗颜。

人多言，曰饶舌，物堪食，曰可口。

泽及枯骨，西伯之深仁；灼艾分痛，宋祖之友爱。西伯：指周文王。周文王凿池沼得枯骨，命令官吏埋葬。

唐太宗为臣疗病，亲剪其须；颜杲卿骂贼不辍，贼断其舌。颜杲卿：唐代常山太守，怒骂安禄山不住口，被割断舌头，喷血而死。

不较横逆，曰置之度外；洞悉虏情，曰已入掌中。虏情：敌情。

马良有白眉，独出乎众；阮籍作青眼，厚待乎人。

咬牙封雍齿，计安众将之心；含泪斩丁公，法正叛臣之罪。雍齿：刘邦采纳张良的计策，封他最痛恨的大将雍齿为侯以安众将之心。丁公：项羽的大将，项羽失败后，投奔刘邦，刘邦认为他为臣不忠，斩杀丁公。

掷果盈车，潘安仁美姿可爱；投石满载，张孟阳丑态堪憎。晋代潘安仁貌美，每次出车，妇人爱慕他，都向他扔果子，装满了车。张孟阳奇丑，每次出门，妇人就往他车上扔石头。

事之可怪，妇人生须；事所骇闻，男人诞子。北宋时有个酒保的女儿四十岁，忽然生出须，长六七寸。北宋京城中有男人生子。

求物济用，谓燃眉之急；悔事无成，曰噬脐何及。噬：咬。

情不相关，如秦越人之视肥瘠；事当探本，如善医者祇论精神。《诤臣论》中云："视政之得失，若越人视秦人之肥瘠，忽焉不加于喜戚于其心。"

无功食禄，谓之尸位素餐；谫劣无能，谓之行尸走肉。尸位：古代祭祀时让一人端坐不动，充当祭主，称尸位。素餐：白吃饭。谫劣：浅薄无能。

老当益壮，宁知白首之心；穷且益坚，不坠青云之志。

一息尚存，此志不容少懈；十手所指，此心安可自欺。

衣服

【原文】

冠称元服；衣曰身章。

曰弁曰冔曰冕，皆冠之号；日履日舄曰屣，悉鞋之名。

上公命服有九锡；士人初冠有三加。

簪缨缙绅，仕宦之称；章甫缝掖，儒者之服。

布衣即白丁之谓，青衿乃生员之称。

葛屦履霜，诮俭啬之过甚；绿衣黄里，讥贵贱之失伦。

上服曰衣，下服曰裳；衣前曰襟，衣后曰裾。

敝衣曰褴褛，美服曰华裾。

襁褓乃小儿之衣，弁髦亦小儿之饰。

左衽是夷狄之服；短后是武夫之衣。尊卑失序，如冠履倒置；富贵不归，如衣锦夜行。

狐裘三十年，俭称晏子；锦幛四十里，富羡石崇。

孟尝君珠履三千客；牛僧孺金钗十二行。

千金之裘，非一狐之腋；绮罗之辈，非养蚕之人。

贵着重裀叠褥，贫者裋褐不完。

卜子夏甚贫，鹑衣百结；公孙弘甚俭，布被十年。

南州冠冕，德操称庞统之迈众；三河领袖，崔浩羡裴骏之超群。

虞舜制衣裳，所以命有德；昭侯藏敝裤，所以待有功。

唐文宗袖经三浣；晋文公衣不重裘。

衣履不敝，不肯更为，世称尧帝；衣不经新，何由得故，妇劝桓冲。

王氏之眉贴花钿，被韦固之剑所刺；贵妃之乳服诃子，为禄山之爪所伤。

姜氏翕和，兄弟每宵同大被；三章未遇，夫妻寒夜卧牛衣。

绶带轻裘，羊叔子乃斯文主将；葛巾野服，陶渊明真陆地神仙。

服之不衷，身之灾也；缊袍不耻，志独超欤。

【注释】

冠称元服，衣曰身章。冠为帽子，戴在头上，头为元首，所以称元服。

曰弁曰冔曰冕，皆冠之号；日履日舄曰屣，悉鞋之名。弁：音便，古时的一种官帽,通常配礼服用。舄音细，重木底鞋(古时最尊贵的鞋,多为帝王大臣穿)。又说：上朝穿的叫履，祭祀穿的叫舄，宴会穿的叫屣，音喜。

上公命服有九锡，士人初冠有三加。九锡：君王赐的九种物品。三加：士人行冠礼先行戴缁布冠，再戴皮弁，最后戴爵弁，称为三加。

簪缨缙绅，仕宦之称；章甫缝掖，儒者之服。簪缨：既首笄（音急，古代盘头发或别住帽子用的簪子）和冠索，仕宦们固定帽子的饰物。章甫缝掖：指孔子穿戴过的章甫冠和缝掖衣。

布衣即白丁之谓，青衿乃生员之称。青衿：青领的衣服，是生员的装束。

葛屦履霜，诮俭啬之过甚；绿衣黄里，讥贵贱之失伦。葛屦：草鞋。绿衣黄里：绿是贱色，而反以为衣，黄是高贵之色，而反以为里，是贵贱颠倒。

上服曰衣，下服曰裳；衣前曰襟，衣后曰裾。襟：衣前衽。裾：衣后幅。

敝衣曰褴褛，美服曰华裾。

襁褓乃小儿之衣，弁髦亦小儿之饰。弁髦：儿童头发垂下来，就要戴弁帽，称为弁髦。

左衽是夷狄之服，短后是武夫之衣；尊卑失序，如冠履倒置；富贵不归，如锦衣夜行。左衽：衣襟开在左边，锦衣夜行：晚上穿着锦绣的衣服行走。

狐裘三十年，俭称晏子；锦幛四十里，富羡石崇。晏子：齐相国，很俭朴。石崇：晋代富豪，曾作锦幛四十里。

孟尝君珠履三千客，牛僧孺金钗十二行。春秋时孟尝君手下三千门客都用珠装饰鞋，称为珠履客。牛僧儒：唐朝宰相，金钗十二行：指妻妾众多。

千金之裘，非一狐之腋；绮罗之辈，非养蚕之人。狐狸腋下的毛很珍贵，但很少。

贵者重裀叠褥，贫者裋褐不完。裀：通茵，坐垫。本句意为坐垫重重叠叠。短褐：粗毛布衣。

卜子夏甚贫，鹑衣百结；公孙弘甚俭，布被十年。子夏：孔子的学生，家贫，衣服上打满补丁，像挂着很多鹑鸟。公孙弘：汉武帝时大臣，很俭朴。

南州冠冕，德操称庞统之迈众；三河领袖，崔浩羡裴骏之超群。德操：司马德操，汉末人，曾称赞庞统为“南州冠冕”，即南州人士的领袖。崔浩：北魏人，皇帝曾对崔浩说：裴峻是三河领袖。

虞舜制衣裳，所以命有德；昭侯藏敝裤，所以待有功。韩昭侯命令将一条破旧裤子收藏，等待赏赐给有功之士。

唐文宗袖经三浣，晋文公衣不重裘。唐文宗曾说：“我这身衣服已洗过三次。”柳公权却说：“皇帝应该考虑大事，不应考虑洗衣服这样的小事。”衣不重逑：不穿两重裘皮的衣服，以示节俭。

衣履不敝，不肯更为，世称尧帝；衣不经新，何由得故，妇劝桓冲。

王氏之眉贴花钿，被韦固之剑所刺；贵妃之乳服诃子，为禄山之爪所伤。韦固遇到月下老谋深算，老人告诉韦固姻缘天定。韦固问：“我的妻子在哪里？”老人说：“现在只有三岁，城北卖菜陈氏的女孩子就是。”韦固前去看，那个女孩子很丑，他就让奴仆用剑刺伤女孩子的眉心。十四年以后，相州刺史王泰将养女嫁给韦固，王氏女子眉心总贴着花钿，韦固问其中缘由，回答说：“我是郡守的女儿，父亲死在任上，小时候乳母菜抚养我，被贼人刺伤，伤痕还在。”服诃：戴着胸衣。杨贵妃被安禄山抓伤了乳房，就绣了一件胸衣罩在乳房上。

姜氏翕和，兄弟每宵同大被；王章未遇，夫妻寒夜卧牛衣。王章：汉代人，家贫，曾病卧于牛衣中，哭着与妻诀别，妻子说：“城中的人，谁能比得上

你，为什么不振作起来，反而哭呢？”后来王章做了京兆尹。

绶带轻裘，羊叔子乃斯文主将；葛巾野服，陶渊明真陆地神仙。羊叔子：晋代人羊祜，字叔子。任荆州都督时，穿着斯文，被称为斯文主将。陶渊明：晋代人。常戴葛巾，穿山里人的衣服，被称为陆地神仙。

服之不衷，身之灾也；缊袍不耻，志独超欤。衣服不合身份，就有灾祸。缊袍：旧袍子。子路穿着缊袍，站在穿皮裘的人中间，不觉低人一等，孔子赞扬他的志向高。

卷　三

人 事

【原文】

大学首重夫明新，小于莫先于应对。

其容固宜有度；出言尤贵有章。

智欲圆而行欲方；胆欲大而心欲小。

阁下足下，并称人之辞；不佞鲰生，皆自谦之语。

恕罪曰宽宥，惶恐曰主臣。

大春元、大殿选、大会状，举人之称不一；大秋元、大经元、大三元，士人之誉多殊。

大掾史，推美吏员；大柱石，尊称乡宦。

贺入学曰云程发轫；贺新冠曰元服初荣。

贺人荣归谓之锦旋；作商得财谓之稛载。

谦送礼曰献芹，不受馈曰反璧。

谢人厚礼曰厚贶；自谦利薄曰菲仪。

送行之礼谓之赆仪；拜见之赀名曰贽敬。

贺寿仪曰祝敬，吊死礼曰奠仪。

请人远归曰洗尘；携酒进行曰祖饯。

犒仆夫谓之旌使；演戏文，谓之俳优。

谢人寄书曰辱承华翰；谢人致问曰多蒙寄声。

望人寄信曰早赐玉音；谢人许物曰已蒙金诺。

具名帖曰投刺；发书函曰开缄。

思暮久曰极切瞻韩，想望殷曰久怀慕蔺。

相识未真曰半面之识；不期而会曰邂逅之缘。

登龙门得参名士；瞻山斗仰望高贤。

一日三秋言思暮之甚切；渴尘万斛言想望之久殷。

睽违教命乃云鄙吝复萌；来往无凭则曰萍踪靡定。

虞舜幕唐尧，见尧于羹，见尧于墙；颜渊学孔圣，孔步亦步，孔趋亦趋。

曾经会晤曰向获承颜接辞；谢人指教曰深蒙耳提面命。

求人涵容曰望包荒；求人吹嘘曰望汲引。

求人荐引曰幸为先容，求人改文曰望赐郢斫。

借重鼎言是托人言事；望移玉趾是浼人亲行。

多蒙推毂，谢人引荐之辞；望作领袖，托人倡首之说。

言辞不爽谓之金石语；乡党公论谓之月旦评。

逢人说项斯表扬善行；名下无虚士果是贤人。

党恶为非曰朋奸；尽财赌博曰孤注。

徒了事曰但求塞责；戒明察，曰不可苛求。

方命是逆人之言；执拗是执己之性。

曰觊觎曰睥睨，总是私心之窥望；曰倥偬曰旁午，皆言人事之纷纭。

小过必察谓之吹毛求疵；乘患相攻谓之落井下石。

欲心难厌如溪壑；财物易尽若漏卮。

望开茅塞是求人之教导；多豪药石是谢人之箴规。

劳规芳躅皆善行之可慕；格言至言皆嘉言之可听。

无言曰缄默；息怒曰霁威。

包拯寡色笑，人比其笑为黄河清；商鞅最凶残，尝见论囚而渭水赤。

仇深曰切齿；人笑曰解颐。

人微笑曰莞尔；掩口笑曰胡卢。

大笑回绝倒，众笑曰哄堂。

留位待贤谓之虚左；官僚共署谓之同寅。

人失信曰爽约，又曰食言；人忘誓曰寒盟，又曰反汗。

铭心镂骨感德难忘；结草衔环知恩必报。

自惹其灾谓之解衣抱火；幸离其害真如脱网就渊。

两不相入谓之枘凿；两不相投谓之冰炭。

彼此不合曰龃龉；欲进不前曰趑趄。

落落，不合之词，区区，自谦之语。

竣者作事已毕之谓；醵者敛财饮食之名。

赞襄其事谓之玉成；分裂难完谓之瓦解。

事有低昂曰轩轾，力相上下曰颉颃。

凭空起事曰作俑，仍踵踵弊曰效尤。

手口共作曰拮据；不暇修容曰鞅掌。

手足并行曰匍匐；俯首而思曰低徊。

明珠投暗大屈才能；入室操戈自相鱼肉。

求教于愚人是问道于盲；枉道以干主是炫玉求售。

智谋之士所见略同；仁人之言其利甚溥。

班门弄斧不知分量；岑楼齐末不识高卑。

势延莫遏谓之滋蔓难图；包藏祸心谓之人心叵测。

作舍道旁议论多而难成；一国三公权柄分而不一。

事有奇缘曰三生有幸；事皆拂意曰一事无成。

酒色是耽如以双斧伐孤树；力量不胜如以寸胶澄黄河。

兼听则明，偏听则暗，此魏征之对太宗；众怒难犯，专欲难成，此于产之讽子孔。

欲逞所长谓之心烦技痒；绝无情欲谓之槁木死灰。

座上有江南，语言须谨；往来无白丁，交接皆贤。

将近好处曰渐入佳境；无端倨傲曰旁若无人。

借事宽役曰告假；将钱嘱托曰夤缘。

事有大利曰奇货可居；事宜鉴前曰覆车当戒。

外彼为此曰左袒；处事而可曰模棱。

敌甚易摧曰发蒙振落；志在必胜曰破釜沉舟。

曲突徙薪无恩泽，不念豫防之力大；焦头烂额为上客，徒知救急之功宏。

贼人曰梁上君子；强梗曰化外顽民。

木屑竹头皆为有用之物；牛溲马渤可备药石之资。

五经扫地，祝钦明自丧斯文；一木撑天，晋王敦未可擅动。

题凤题午，讥友讥亲之隐词；破麦破梨，见夫见子之奇梦。

毛遂片言九鼎，人重其言；季市一诺千金，人服其信。

岳飞背涅精忠报国；杨震惟以清白传家。

下强上弱曰尾大不掉；上权下夺曰太阿倒持。

当今之世，不但君择臣，臣亦择君；受命之主，不独创业难，守成亦不易。

生平所为皆可对人言，司马光之自信；运用之妙惟存乎一心，岳武穆之论兵。

不修边幅谓人不饰仪容；不立崖岸谓人天性和乐。

蕞尔幺麽言其甚小；卤莽灭裂言其不精。

误处皆缘不学；强作乃成自然。

求事速成曰躐等；过于礼貌曰足恭。

假忠厚者谓之乡愿；出人群者谓之巨擘。

孟浪由于轻浮，精详出于暇豫。

为善则流芳百世，为恶则遗臭万年。

过多曰稔恶；罪满曰贯盈。

尝见冶容诲淫；须知慢藏诲盗。

管中窥豹所见不多；坐井观天知识不广。

无势可乘，英雄无用武之地；有道则见，君子有展采之思。

求名利达曰捷足先得；慰士迟滞曰大器晚成。

不知通变曰徒读父书；自作聪明曰徒执己见。

浅见曰肤见；俗言曰俚言。

识时务者为俊杰；昧先几者非明哲。

村夫不识一丁；愚者岂无一得。

拔去一丁谓除一害；又生一秦是增一仇。

戒轻言曰恐属垣有耳；戒轻敌曰无谓秦无人。

同恶相帮调之助桀为虐；贪心无厌谓之得陇望蜀。

当知器满则倾；须知物极必反。

喜嬉戏名为好弄；好笑谑谓之诙谐。

谗口交加，市中可信有虎；众奸鼓衅，聚蚊可以成雷。

萋非成锦谓谮人之酿祸；含沙射影言鬼蜮之害人。

针砭所以治病；鸩毒必至杀人。

李义府阴柔害物，人谓之笑里藏刀；李林甫奸诡谄人，世谓之口蜜腹剑。

代人作事曰代庖；与人设谋曰借箸。

见事极真曰明若观火；对敌易胜曰势若摧枯。

汉武内多欲而外施仁义；廉颇先国难而后私仇。

卧榻之侧岂容他人鼾睡，宋太祖之语；一统之世真是胡越一家，唐太宗之时。

至若景泰以吕易嬴，是嬴亡于庄襄之手：弱晋以牛易马，是马灭于怀悯之时。

中宗亲为点筹于韦后，秽播千秋；明皇赐洗儿钱于贵妃，臭遗万代。

非类相从不如鹑鹊；父子同牝谓之聚麀。

以下淫上谓之烝；野合奸伦谓之乱。

从来淑慝殊途，惟在后人法戒；欺世情浊异品，全赖吾辈激扬。

【注释】

《大学》首重夫明新，小于莫先于应对。明新：明德做新人。莫先于应对：首行应该学习应对。

其容固宜有度，出言尤贵有章。固：本来。章：章法。

智欲圆而行欲方，胆欲大而心欲小。圆：圆通。方：方正。

阁下、足下，并称人之辞；不佞、鲰生，皆自谦之语。佞：音泞，花言巧语谄媚。鲰：音邹，小鱼也。

恕罪曰原宥，惶恐曰主臣。宥：音右，宽待，宽容。主臣：指臣对主上的恐惧之心。

大春元、大殿选、大会状，举人之称不一；大秋元、大经元、大三元，士人之誉多殊。

大掾史，推美吏员；大柱石，尊称乡宦。掾：音愿，古代副官，佐吏的通称。柱石：栋梁之意。

贺入学曰云程发轫，贺新冠曰元服加荣。轫：车闸，发轫代指起程。

贺人荣归，谓之锦旋；作商得财，谓之稇载。锦旋：锦绣而归。稇：音捆，用绳捆束。

谦送礼曰献芹，不受馈曰反璧。献芹：指礼薄。反：即返。

谢人厚礼曰厚贶，自谦利薄曰菲仪。贶：音况，赏赐。菲：薄。

送行之礼，谓之赆仪；拜见之赀，名曰贽敬。赆：音尽，临别时馈赠的财物。赀：同资。贽：音志，古代

初次求见人时赠送的礼物。

贺寿仪曰祝敬，吊死礼曰奠仪。

请人远归曰洗尘，携酒送行曰祖饯。祖饯：黄帝之子名祖，是行路之神，出行的人必定要祭祀他，所以送的人与行的人饮酒称为祖饯。

犒仆夫，谓之旌使；演戏文，谓之俳优。旌使：奖赏派来的使者。俳：戏也。

谢人寄书，曰辱承华翰；谢人致问，曰多蒙寄声。华翰：词翰华美。

望人寄信，曰早赐玉音；谢人许物，曰已蒙金诺。古时楚地有谚语云“得黄金百斤，不如季布一诺”。

具名帖，曰投刺；发书函，曰开缄。投刺：古代姓名都刺写在竹木之上，故称递送名帖为投刺。缄：封。

思暮久曰极切瞻韩，想望殷曰久怀慕蔺。瞻韩：唐代韩朝宗任荆州刺史，喜欢提拔人。慕蔺：蔺相如为赵国相国，汉司马相如慕其为人，故同其名。

相识未真，曰半面之识；不期而会，曰邂逅之缘。

登龙门，得参名士；瞻山斗，仰望高贤。汉代李膺名声很大，士人中有被他接见的，称为登龙门。唐代韩愈盛名，学者仰望他如泰山北斗。

一日三秋，言思慕之甚切；渴尘万斛，言想望之久殷。渴尘万斛：心中很渴如生万斛尘埃，想望清水止渴。

暌违教命，乃云鄙吝复萌；来往无凭，则曰萍踪靡定。暌：音葵，斜视。此句意为违背教诲，庸俗贪鄙之心就会复萌。

虞舜慕唐尧，见尧于羹，见尧于墙；门人学孔圣，孔步亦步，孔趋亦趋。

曾经会晤，曰向获承颜接辞；谢人指教，曰深蒙耳提面命。承颜接辞：承蒙见面谈话。耳提面命：附着耳朵指教、当面指示。

求人涵容，曰望包荒；求人吹嘘，曰望汲引。包荒：包容宽广。汲引：提拔引导。

求人荐引，曰幸为先容；求人改文，曰望赐郢斫。郢斫:古代有则故事说郢人的脾子上有白灰，匠人用斧子飞快地斥过，削去了白灰，却一点也没有伤到脾子。后来表示请人修改文章。

借重鼎言，是托人言事；望移玉趾，是浼人亲行。浼：音美，央求；请求。

多蒙推毂，谢人引荐之辞；望作领袖，托人倡首之说。毂：音骨，车轮中心的圆木,周围与车辐的一端相

接，中有圆孔，可以插轴。

言辞不爽，谓之金石语；乡党公论，谓之月旦评。不爽：不反悔。月旦评：东流许劭和许靖喜欢评论乡里人物，每月换评论的题目。月旦：每月初一。

逢人说项斯，表扬善行；名下无虚士，果是贤人。项斯：唐代人，为人清奇雅正，诗写得好。说项：表示替人说好话。

党恶为非，曰朋奸；尽财赌博，曰孤注。

徒了事，曰但求塞责；戒明察，曰不可苛求。

方命是逆人之言，执拗是执己之性。方命：违背人的命令。

曰觊觎，曰睥睨，总是私心之窥望；曰倥偬，曰旁午，皆言人事之纷纭。觊觎：音寄于，希望非分地得到。睥睨：音闭密，斜视。倥偬：音孔总，多事，纷忙。旁午：纵横纷杂。

小过必察，谓之吹毛求疵；乘患相攻，谓之落井下石。

欲心难厌如溪壑，财物易尽若漏卮。厌：满足。卮：音支，古代一种盛酒器。圆形。容量四升。

望开茅塞，是求人之教导；多蒙药石，是谢人之箴规。茅塞：被茅草所堵塞。药石：医药和针砭石。箴规：指规劝。箴：音针，规劝，劝告。

芳规芳躅，皆善行之可慕；格言至言，悉嘉言之可听。躅：音竹，足迹。芳规芳躅：好的法度、好的行为。规：法度；躅：足迹。

无言曰缄默，息怒曰霁威。霁：雨止为霁。

包拯寡色笑，人比其笑为黄河清；商鞅最凶残，常见论囚而渭水赤。

仇深曰切齿，人笑曰解颐。颐：腮。人笑的时候两颊张开，故称解颐。

人微笑曰莞尔，掩口笑曰胡卢。

大笑曰绝倒，众笑曰哄堂。

留位待贤，谓之虚左；官僚共署，谓之同寅。虚左：古代左边为贵，故留出左边的位置等待贤人。同寅：同在一个官署中。

人失信曰爽约，又曰食言；人忘誓曰寒盟，又曰反汗。寒盟：背盟。反汗：出来的汗又反回去，是说话不算数的意思。

铭心镂骨，感德难忘；结草衔环，知恩必报。结草：春秋时魏武子临死前对儿子颗说，让自己的爱妾殉葬。魏武子死后，颗没有按父亲的要求去做，而是让母

亲出嫁。后来颗在与秦军作战中，有一个老人将草结在一起绊住了杜回，颗因此捉到杜回。晚间颗梦见一个老人对他说：“我就是那个小妾的父亲，以此相报。”衔环：汉代杨宝很慈爱，九岁时过华山，将一个受伤的黄雀治好放生，百日后，黄雀化为童子衔来白玉环四枚作为报答。

自惹其灾，谓之解衣抱火；幸离其害，真如脱网就渊。

两不相入，谓之枘凿；两不相投，谓之冰炭。枘凿：即圆凿方枘。

彼此不合曰龃龉，欲进不前曰趑趄。龃龉：上下牙不合。趑趄：音兹切，退缩不前。

落落不合之词，区区自谦之语。落落：疏远的意思。区区：小的意思。

竣者作事已毕之谓，醵者敛财饮食之名。醵：音据，大家凑钱饮酒。

赞襄其事，谓之玉成；分裂难完，谓之瓦解。赞襄：帮助成全的意思。

事有低昂曰轩轾，力相上下曰颉颃。低昂：低和高。轩轾：轻重。颉颃：鸟飞而上为颉，下为颃。

凭空起事曰作俑，仍踵前弊曰效尤。作俑：指开先例。孔子曾曰："始作俑者，其无后乎？"。效尤：效法坏的东西。

手口共作曰拮据，不暇修容曰鞅掌。拮据：原指辛勤劳作，后引申为经济状况紧张。鞅掌：劳苦而容貌不整的样子。

手足并行曰匍匐，俯首而思曰低徊。低徊：低头不进的样子。

明珠投暗，大屈才能；入室操戈，自相鱼肉。汉代何休著有《公羊》等书，郑玄就用何休的方法写书反驳何休，何休说："郑玄入吾室，操吾戈，而伐我乎？"

求教于愚人，是问道于盲；枉道以干主，是衔玉求售。远道来影响君王，就像炫耀宝玉想卖出去一样。

智谋之士，所见略同；仁人之言，其利甚溥。溥：大。

班门弄斧，不知分量；岑楼齐末，不识高卑。岑楼是又高又尖的楼，孟子曾说：如果不顾楼的下面，只拿寸木去与楼尖相比，可以让方寸之木比岑楼还高。形容不知高低。

势延莫遏，谓之滋蔓难图；包藏祸心，谓之人心叵测。滋漫难图：漫延难以应付。

作舍道旁，议论多而难成；一国三公，权柄分而不

一。汉代有谚语说："在道路旁修房子，三年不成"喻人们议论纷纷，意见不一，难以成事。

事有奇缘，曰三生有幸；事皆拂意，曰一事无成。三生：佛教语，指人托生三次。拂意：不如意。

酒色是耽，如以双斧伐孤树；力量不胜，如以寸胶澄黄河。耽：沉溺。澄：澄清。

兼听则明，偏听则暗，此魏征之对太宗；众怒难犯，专欲难成，此子产之讽子孔。众怒难犯：郑国子孔当政，发布一项命令受到大臣们反对，子孔要杀掉反对的人。子产说："众怒难犯，专欲难成"劝子孔收回成命，子孔于是烧掉了命令。

欲逞所长，谓之心烦技痒；绝无情欲，谓之槁木死灰。槁木：枯木。死灰：已冷了的灰。

座上有江南，语言须谨；往来无白丁，交接皆贤。古诗有"座中若有江南客，莫向春风唱《鹧鸪》"，《鹧鸪》是一首江南的曲子。白丁：指没有功名的人。

将近好处，曰渐入佳境；无端倨傲，曰旁若无人。晋代顾恺之吃甘蔗从尾部吃到根部，说这样吃渐入佳境。倨傲：不恭敬。

借事宽役曰告假，将钱嘱托曰贪缘。宽役：暂停工作。夤：攀附上升。

事有大利，曰奇货可居；事宜鉴前，曰覆车当戒。奇货可居：吕不韦曾认为在赵国做人质的秦国王子异人奇华可居，就帮助他逃回了秦国，后来异人做了庄襄王，生下儿子嬴政。

外彼为此曰左袒；处事两可曰模棱。左袒：露出左胳膊。古代齐国有一个女子，两家来求亲，东家富而人丑，西家贫而人俊，父亲请女儿袒肩表示意愿，结果女儿褐左右肩，说："愿意在东家吃饭而在西家睡觉"

敌甚易摧，曰发蒙振落；志在必胜，曰破釜沉舟。去掉物品上蒙的尘，震落树上枝叶，形容事情很容易。釜：行军做饭的锅。

曲突徙薪无恩泽，不念豫防之力大；焦头烂额为上客，徒知救急之功宏。曲突徙薪：有一个客人见主人家的烟囱直短而旁边有薪柴，建议将烟囱弯曲薪柴移开，以防失火，但没有被采纳。后来果然发生为灾，主人将救火被烧的焦头烂额的人奉为上宾，却忘记了提建议的人，比喻对提出的预防意见不重视。

贼人曰梁上君子，强梗曰化外顽民。顽：愚顽。

木屑竹头，皆为有用之物；牛溲马渤，可备药石之

资。晋代陶侃担任荆襄都督，把造船用剩的木屑竹头收藏留下，人们笑他迂，后来下雪初晴，就用木屑铺地，到桓温伐蜀时，又用竹头作钉装船，人们才知其用。牛溲：牛尿。马渤：一种草，均可入药。

五经扫地，祝钦明自亵斯文；一木撑天，晋王敦未可擅动。祝钦明：唐睿宗时大臣，很有学问，长得很胖，在宴会上自请跳八风舞，丑态百出，斯文扫地。王敦：晋代王敦谋反，梦见一木撑天，请许真君解梦，许言“一木撑天为未，不可妄动”。

题凤题午，讥友讥亲之隐词；破麦破梨，见夫见子之奇梦。凤：凡鸟也。午：牛不出头也。破麦：有一妇人兵乱中与夫及子分离，一天梦见磨麦，莲花落尽，一尼姑解梦说：“磨麦见夫，莲花落而莲子出。”后来妇人果然见到丈夫和儿子。

毛遂片言九鼎，人重其言；季市一诺千金，人服其信。

岳飞背涅精忠报国，杨震惟以清白传家。杨震：汉代人，不为后代置地产，人称清白传家。

下强上弱，曰尾大不掉；上权下夺，曰太阿倒持。太阿：宝剑名。将太阿剑倒着拿在手上，意即将剑柄给别人。

当今之世，不但君择臣，臣亦择君；受命之主，不独创业难，守成亦不易。汉代马援曾对光武帝说：“当今之世，非但君择臣，臣亦择君。”唐太宗曾云“创业难，守成亦不易”。

生平所为皆可对人言，司马光之自信；运用之妙惟存乎一心，岳武穆之论兵。岳飞普说：“兵法之妙，存乎一心”。

不修边幅，谓人不饰仪容；不立崖岸，谓人天性和乐。边幅：面的，借指衣饰。立崖岸：站在山崖、岸边，指倨傲不合群。

蕞尔、幺么，言其甚小；卤莽、灭裂，言其不精。蕞：音最，蕞尔：小的样子。幺么：细小。灭裂：轻易。

误处皆缘不学，强作乃成自然。缘：因为。强作：强行做出。

求事速成曰躐等，过于礼貌曰足恭。躐：音烈，逾越。足恭：巧言令色，过于恭敬。

假忠厚者谓之乡愿，出人群者谓之巨擘。乡愿：德行不好。巨擘：大拇指。

孟浪由于轻浮，精详出于暇豫。孟浪：轻率。暇豫：从容考虑。

为善则流芳百世，为恶则遗臭万年。

过多曰稔恶，罪满曰贯盈。稔恶：积恶太多。贯

盈：如穿钱的线，已经贯满。

尝见冶容诲淫，须知慢藏诲盗。诲淫、诲盗：《易经》云：“慢藏诲盗，冶容诲淫”意思是藏物不谨慎，如同教人为盗，修饰仪容，是教人为淫乱。

管中窥豹，所见不多；坐井观天，知识不广。

无势可乘，英雄无用武之地。

有道则见，君子有展采之思。见：现。展：舒展。采：事业。

求名利达，曰捷足先得；慰士迟滞，曰大器晚成。汉代蒯通说：“秦国失其鹿，天下人共同追逐它，才能高、跑得快的人先得它”慰士：安慰士人。迟滞：成就得晚。

不知通变，曰徒读父书；自作聪明，曰徒执己见。赵王任用奢之子赵括统兵，蔺相如说“赵括徒读父书，不知通变”

浅见曰肤见，俗言曰俚言。肤：皮肤的表层。

识时务者为俊杰，昧先几者非明哲。昧：不明白。几：细微的变化。

村夫不识一丁，愚者岂无一得。

拔去一丁，谓除一害；又生一秦，是增一仇。一丁：指丁渭。宋朝丁渭擅权，京城中歌谣云：“欲得天下宁，拔去眼前丁”。又生一秦：秦末陈胜派武臣安抚赵地，武臣自立为王，陈胜想攻打他，相国房君说：“秦未亡而攻打武臣，是又生出一个秦朝”意即又增加一个敌人。

戒轻言，曰恐属垣有耳；戒轻敌，曰无谓秦无人。秦王赶走了有才能的士会后，绕朝对士会说“不要说秦国无人，只是我的计策得不到采纳罢了。”

同恶相帮，调之助桀为虐；贪心无厌，谓之得陇望蜀。得陇望蜀：曹操在得到汉中后有“人苦无足，既得陇，复望蜀”之言。

当知器满则倾，须知物极必反。

喜嬉戏名为好弄，好笑谑谓之诙谐。

谗口交加，市中可信有虎；众奸鼓衅，聚蚊可以成雷。

萋菲成锦，谓谮人之酿祸；含沙射影，言鬼蜮之害人。《诗经》中有“萋兮菲兮，成是贝锦，彼谮人者，亦已太过”的句子，意思是说花纹交错，织成像贝一样的锦，那些谮人说坏话，已经太过了。谮：无中生有地说人坏话。传说中有一种叫蜮的动物，能含沙射人的影子，让人得病。

针砭所以治病；鸩毒必至杀人。针砭：古代治病用的银针和砭石。

李义府阴柔害物，人谓之笑里藏刀；李林甫奸诡谄人，

世谓之口蜜腹剑。义府，林甫：唐朝宰相，狡险忌刻之人。

代人做事，曰代庖；与人设谋，曰借箸。代庖：指代人做事。《庄子》“庖人虽不治庖，尸祝不越樽俎而代之矣”。借箸：借筷子，指代人筹划。张良在刘邦吃饭时，向刘献计曰“请借前箸，为大王筹之”。

见事极真，曰明若观火；对敌易胜，曰势若摧枯。

汉武内多欲而外施仁义，廉颇先国难而后私仇。

卧榻之侧，岂容他人鼾睡，宋太祖之语；一统之世，真是胡越一家，唐太宗之时。南唐后主李煜派徐弦向宋求援师，宋太祖说：“卧榻之侧，岂容他人鼾睡。”胡越一家：唐太宗在未央宫设宴，高祖命突厥可汗起舞、南蛮冯智载咏诗，笑着说：“胡越一家，自古未有也。”

至若景泰以吕易嬴，是嬴亡于庄襄之手：弱晋以牛易马，是马灭于怀愍之时。以吕易嬴：以吕家的儿子换得嬴家的天下。吕不韦把一个怀了自己儿子的女子献给秦庄襄王生下嬴政，即后来的秦始皇。以牛易马：晋代琅琊王妃与小吏牛金私通生下司马睿，就是晋元帝，虽然姓司马，实际是姓牛，故曰以牛易马。愍：音泯，抚养。

中宗亲为点筹于韦后，秽播千秋；明皇赐洗儿钱于贵妃，丑遗万代。唐中宗的皇后韦后与武三思私通，韦后与武三思赌钱，中宗亲自为她点筹码。

非类相从，不如鹑鹊；父子同牝，谓之聚麀。鹑鹊：一种鸟，据说雌雄很忠诚。牝：音聘，雌兽，麀：音忧，牝鹿也。父子同点有一个女人，称为聚麀。

以下淫上谓之烝，野合奸伦谓之乱。

从来淑慝殊途，惟在后人法戒；欺世情浊异品，全赖吾辈激扬。淑：善。慝：音特，恶。

饮　食

【原文】

甘脆肥脓，命曰腐肠之药；羹藜含糗，难语太牢之滋。

御食曰珍馐；白米曰玉粒。

好酒曰青州从事；次酒曰平原督邮。

鲁酒茅柴皆为薄酒；龙团雀舌尽是香茗。

待人礼衰曰醴酒不设；款客甚薄曰脱粟相留。

竹叶青，状元红，俱为美酒；葡萄绿，珍珠红悉是香醪。

五斗解酲，刘伶独溺于酒；两腋生风，卢仝偏嗜乎茶。

茶曰酪奴又曰瑞草；米曰白粲又曰长腰。

太羹玄酒亦可荐馨；尘饭涂羹焉能充饥。

酒系杜康所造；腐乃淮南所为。

僧谓鱼曰水梭花；僧谓鸡曰穿篱菜。

临渊羡鱼不如退而结网；扬汤止沸不如去火抽薪。

羔酒自劳，田家之乐；含哺鼓腹，盛世之风。

人贪食曰徒餔啜，食不敬曰嗟来食。

多食不厌谓之饕餮之徒；见食垂涎谓有欲炙之色。

未获同食曰向隅；谢人赐食曰饱德。

安步可以当车；晚食可以当肉。

饮食贫难曰半菽不饱；厚恩图报曰每饭不忘。

谢扰人曰兵厨之扰；谦待薄曰草具之陈。

白饭青刍是待客之厚；炊金爨玉，谢款客之隆。

家贫待客，但知抹月披风；冬月邀宾，乃曰敲冰煮茗。

君侧元臣若作酒醴之麴蘖；朝中冢宰若作和羹之盐梅。

宰肉甚均，陈平见重于父老；戛羹示尽，邱嫂心厌乎汉高。

毕卓为吏部而盗酒，逸兴太豪；越王爱士卒而投醪，战气百倍。

惩羹吹齑，谓人惩前警后；酒囊饭袋，谓人少学多餐。

隐逸之士，漱石枕流；沈湎之夫，藉糟枕枕。

昏庸桀纣，胡为酒池肉林；苦学仲淹，惟有断齑画粥。

【注释】

甘脆肥脓，命曰腐肠之药；羹藜含糗，难语太牢之滋。甘脆肥脓这样美味可口的食物，称为腐肠之药。因为美味食物不符合古代节俭的思想，故如是说。吃羹藜含糗这样食物的人，难以说出太牢的滋味。太牢是祭祀时烹调的牛肉，属美味。

御食曰珍馐，白米曰玉粒。

好酒曰青州从事，次酒曰平原督邮。晋代桓温手下有位主簿把好酒叫作青州从事，次酒叫作平原都邮。因为青州有齐郡，齐与脐同音，好酒直下到脐下；平原有鬲县，鬲与膈同音，恶酒只到膈下。

鲁酒茅柴，皆为薄酒；龙团雀舌，尽是香茗。鲁酒：春秋时，楚国大会诸侯，鲁国献的酒味道不好。茅柴：指酒味道就像茅柴烧过一样。龙团、雀舌：古代茶叶的名称。

待人礼衰，曰醴酒不设；款客甚薄，曰脱粟相留。醴酒：甜酒。脱粟：没有舂过的米。

竹叶青，状元红，俱为美酒；葡萄绿，珍珠红，悉是香醪。醪：音劳，酒的总称。

五斗解酲，刘伶独溺于酒；两腋生风，卢仝偏嗜乎茶。酲：音成，酒后神志不清。晋代刘伶嗜酒，故对妻子戏言："喝五斗酒才能解酒醉。"唐膜诗人卢仝（通同）爱喝茶，曾说："喝过了茶就成两腋生风"。

茶曰酪奴，又曰瑞草；米曰白粲，又曰长腰。少数民族称茶与奶酪为奴。

太羹玄酒，亦可荐馨；尘饭涂羹，焉能充饿。太羹玄酒，可以作为祭品。传说尧以肉汁作羹，没有盐等调味品，称为太羹。玄酒：祭祀用的水。尘饭涂羹：儿童游戏时用土做的饭和汤。

酒系杜康所造，腐乃淮南所为。腐：豆腐。据说是汉代淮南王发明的。

僧谓鱼曰水梭花，僧谓鸡曰穿篱菜。《东坡志林》载，僧谓酒为般若汤，鱼为水梭花，鸡为穿篱菜。

临渊羡鱼，不如退而结网；扬汤止沸，不如去火抽薪。

羔酒自劳，田家之乐；含哺鼓腹，盛世之风。含哺鼓腹：含着食物敲着肚子，这是盛世的风气。

人贪食曰徒餔餟，食不敬曰嗟来食。餔餟：音博绰。

多食不厌，谓之饕餮之徒；见食垂涎，谓有欲炙之色。饕：贪财。餮：贪吃。欲炙之色：想吃肉的样子。晋代顾荣与同僚喝酒，看见送肉的人想吃肉的样子，就将自己的一份送给他吃了。

未获同食，曰向隅；谢人赐食，曰饱德。向隅：对着墙角。饱德：《诗经》中有“既醉以酒，既饮以德”的句子。

安步可以当车，晚食可以当肉。晚食：慢慢吃。

饮食贫难，曰半菽不饱；厚恩图报，曰每饭不忘。菽：音叔，豆子。

谢扰人曰兵厨之扰，谦待薄曰草具之陈。晋代阮籍嗜酒，听说步兵厨房里贮有三百斛酒，就申请当步兵

校尉。草具之陈：装蔬菜的餐具，指款待薄。《史记》载，项羽派遣使者到刘邦营中，陈平行反间计，开始上的是太牢之具，见到项羽的使者说："我还以为是范增的使者，原来是项羽派来的。"于是换上草具。

白饭青刍，待仆马之厚；炊金爨玉，谢款客之隆。爨：音窜，炊也。

家贫待客，但知抹月披风；冬月邀宾，乃曰敲冰煮茗。苏东坡有"家无以娱客，但知抹月披风"的诗句。唐代王休冬天取冰煮茶款待客人。

君侧元臣，若作酒醴之麹蘖；朝中冢宰，若作和羹之盐梅。麹：同曲，酒母。蘖：音聂，植物的芽。元臣：大臣。君主身边的大臣，就像做酒用的曲。和羹：调和羹汤。

宰肉甚均，陈平见重于父老；戛羹示尽，邱嫂心厌乎汉高。汉代陈平在乡中分肉非常平均，深得乡中父老的信任。刘邦到嫂子家，嫂子正在吃肉羹，见刘邦到来，就刮盆底假装没有了。刘邦因此怨恨嫂子，当皇帝后封侄儿为颉羹候。

毕卓为吏部而盗酒，逸兴太豪；越王爱士卒而投醪，战气百倍。晋代毕卓提任吏部郎，邻居家酿酒，他去偷喝，结果醉卧在酒瓮旁。越王勾践曾把酒倒在河上游，让士兵迎着河水饮酒，士兵因此感动，无不献身。

惩羹吹齑，谓人惩前警后；酒囊饭袋，谓人少学多餐。被热汤烫过后吃咸菜也要先吹一吹，比喻过于谨慎。

隐逸之士，漱石枕流；沉湎之夫，藉糟枕麴。晋代孙楚少年时想隐居，对王武子说："将枕石漱流"结果说成枕流漱石，然后辩解说"所以枕流，是为了洗耳，漱石，是为了磨砺牙齿"。沉溺于酒的人，靠着酒糟，枕着酒曲。

昏庸桀纣，胡为酒池肉林；苦学仲淹，惟有断齑画粥。宋代大臣范仲淹小时候家里很穷，每天煮粥待凝固后划成四块，早晚可取两块，就着数十根咸菜吃。

宫 室

【原文】

洪荒之世，野处穴居；有巢以后，上栋下宇。

竹苞松茂谓制度之得宜；鸟革翚飞谓创造之尽善。

朝廷曰紫宸；禁门曰青琐。

宰相职掌丝纶，内居黄阁；百官具陈章疏，敷奏丹墀。

木天署学士所居；紫薇省中书所莅。

金马玉堂，翰林院宇；柏台乌府，御史衙门。

布政司称为藩府，按察司系是臬司。

潘岳种挑于满县，故称花县；于贱鸣琴以治邑，故曰琴堂。

谭府是仕宦之家；衙门乃隐逸之宅。

贺人有喜曰门阑蔼瑞；谢人过访曰蓬荜生辉。

美奂美轮，礼称屋宇之高华；肯构肯堂，书言父子之同志。

土木方兴曰经始；创造已毕曰落成。

楼高可以摘星；屋小仅堪容膝。

寇莱公庭除之外只可栽花；李文靖厅事之前仅容旋马。

躬贺屋成曰燕贺；自谦屋小曰蜗庐。

民家名曰闾阎；贵族称为阀阅。

朱门乃富豪之第，白屋是布衣之家。

客舍曰逆旅；馆驿曰邮亭。

书室曰芸窗；朝廷曰魏阙。

成均辟雍皆国学之号；黉宫胶序乃乡学之称。

笑人善忘曰徙宅忘妻；讥人不谨曰开门揖盗。

何楼所市皆滥恶之物；垄断独登讥专利之人。

荜门圭窦系贫士之居；瓮牖绳枢皆窭人之室。

宋寇准真是北门锁钥；檀道济不愧万里长城。

【注释】

洪荒之世，野处穴居；有巢以后，上栋下宇。相传有巢氏架屋为巢，缀叶为衣。

竹苞松茂，谓制度之得宜；鸟革翚飞，调创造之尽善。竹苞松茂，鸟革翚（音灰）飞：都是《诗经》中的句子，指如松竹一样茂盛，像野鸡毛和鸟毛一样漂亮。形容房屋建造得好。

朝廷曰紫宸，禁门曰青琐。汉代有紫宸殿，宫中的禁门用青色涂抹。

宰相职掌丝纶，内居黄阁；百官具陈章疏，敷奏丹

墀。丝纶：指皇帝的诏书。丹墀：指宫中的台阶，用丹朱色涂抹，故称丹墀。

木天署，学士所居，紫薇省，中书所莅。唐代秘书阁穹窿高敞，称为木天。后以木天署称翰林学干官署。

金马玉堂，翰林院宇；柏台乌府，御史衙门。汉代有金马门，学士常聚集于此。宋代苏易简任翰林学士，宋太祖书写玉学之署给他，故后以金马、玉堂指翰林院。柏台、乌府：汉代朱博为御史，府中有柏树，树上有乌鸦，故后来以柏台、乌府称御史衙门。

布政司，称为藩府，按察司，系是臬司。藩府：作为王室屏障的意思。臬司：执法司。

潘岳种桃于满县，人称花县；于贱鸣琴以治邑，故曰琴堂。

潭府是仕宦之家，衙门乃隐逸之宅。《韩符诗》有“潭潭府中居”之句，形容深宅大院。衡门：门上有一根横木。形容简陋之家。

贺人有喜，曰门阑蔼瑞；谢人过访，曰蓬荜生辉。门阑蔼瑞：指门庭充满吉祥。蓬荜：柴门。

美奂美仑，礼称屋宇之高华；肯构肯堂，书言父子之同志。《礼记》载晋献子成室。张老曰：美哉仑焉，美哉奂也。形容高大宽敞明亮。

土木方兴，曰经始；创造已毕，曰落成。经始：开始。《诗经》不有“经始灵台”句。

楼高可以摘星，屋小仅堪容膝。

寇莱公庭除之外，只可栽花；李文靖厅事之前，仅容旋马。寇莱公：指宋代宰相寇准，他的庭院很小，只能栽花。李文靖：宋宰相，厅堂很小，只能容下一匹马转身。

恭贺屋成，曰燕贺；自谦屋小，曰蜗庐。燕贺：燕雀都来祝贺房屋落成。蜗庐：蜗牛的壳。

民家名曰间阎，贵族称为阀阅。间阎：音吕沿，里巷的门，指老百姓。阀阅：有等级的为阀，有功为阅，指贵族。

朱门乃富豪之第，白屋是布衣之家。

客舍曰逆旅，馆驿曰邮亭。逆：迎接，旅：众人。

书室曰芸窗，朝廷曰魏阙。芸：香草。

成均辟雍，皆国学之号；黉官胶序，乃乡学之称。唐代曾将国子学改名为成均；古代天子学成避壅。黉（音红）官胶序：周代学校名。

笑人善忘，曰徙宅忘妻；讥人不谨，曰开门揖盗。

徙宅：搬家。揖盗：把强盗请进门。

何楼所市，皆滥恶之物；垄断独登，讥专利之人。何楼：宋代就城里有何氏，楼下所卖的东西多是伪劣之物。垄断：土冈高而不相连者，称为垄断，后指独占。

荜门圭窦，系贫士之居；瓮牖绳枢，皆窭人之室。荜门圭窦：竹编的门和墙上挖的小门。瓮牖强枢：以瓦瓮作窗，以绳子系的门轴。窭：音具，泛指贫穷。

宋寇准真是北门锁钥，檀道济不愧万里长城。寇准自称为守卫北门的锁钥，檀道济：南宋大臣，受冤被诛时说："这是毁坏自己的万里长城。"

器 用

【原文】

一人之所需；百工斯为备。

但用则各适其用；而名则每异其名。

管城子、中书君，悉为笔号；石虚中、即墨侯皆为砚称。

墨为松使者；纸号楮先生。

纸曰剡藤又曰玉版；墨曰陈玄又曰龙剂。

共笔砚，同富之谓；付衣钵，传道之称。

笃志业儒曰磨穿铁砚；弃文就武曰安用毛锥。

剑有干将莫邪之名；扇有仁风便面之号。

何谓箑？亦扇之名；何谓籁？有声之谓。

小舟名蚱蜢；巨舰曰艨艟。

金根是皇后之车；菱花乃妇人之镜。

银凿落原是酒器；玉参差乃是箫名。

刻舟求剑，固而不通；胶柱鼓瑟，拘而不化。

斗筲言其器小；梁栋谓是大材。

铅刀无一割之利；强弓有六石之名。

杖以鸠名，因鸠喉之不噎；钥同鱼样，取鱼目之常醒。

兜鍪系是头盔；叵罗乃为酒器。

短剑名匕首，毡毯曰氍毹。

琴名绿绮焦桐；弓号乌号繁弱。

香炉曰宝鸭；烛台曰烛奴。

龙涎鸡舌，悉是香茗；鹢首鸭头，别为船号。

寿光客是妆台无尘之镜；长明公是梵堂不灭之灯。

桔槔是田家之水车，袯襫是农夫之雨具。

乌金，炭之美誉，忘归，矢之别名。

夜可击，朝可炊，军中刁斗；云汉热，北风寒，刘褒画图。

勉人发愤曰猛著祖鞭；求人宥罪曰幸开汤网。

拔帜立帜，韩信之计甚奇；楚弓楚得，楚王所见未大。

董安于性援，常佩弦以自急；西门豹性急，常佩韦以自宽。

汉孟敏尝堕甑不顾，知其无益；宋太祖谓犯法有剑，正欲立成。

王衍清谈，常持麈尾；横渠讲易，每拥皋比。

尾生抱桥而死，固执不通；楚妃守符而亡，贞信可录。

温桥昔燃犀，照见水族之鬼怪；秦政有方镜，照见世人之邪心。

车载斗量之人不可胜数；南金东箭之品实是堪奇。

传檄可定，极言敌之易破；迎刃而解，甚言事之易为。

以铜为鉴，可整衣冠；以古为鉴，可知兴替。

【注释】

一人之所需，百工斯为备。但用则各适其用，而名则每异其名。

管城子、中书君，悉为笔号；石虚中、即墨侯，皆为砚称。毛笔封在竹管中，又是书写的工具，故戏称为管城子、中书君。

墨为松使者，纸号楮先生。墨是用松树的墨烟熏成的，故称松使者。唐玄宗用的墨叫龙香脐，一天看见墨上像苍蝇那么大的小道士行走，就呵斥一声，小道士连呼万岁说："我是墨的精灵，松使者。"楮先生：楮树皮是造纸的原料，故称纸为楮先生。

纸曰剡藤，又曰玉版；墨曰陈玄，又曰龙脐。剡：音眼。剡溪的藤，造出的纸极美，成都的浣花溪，造出的纸光滑，称为玉版。

共笔砚，同窗之谓；付衣钵，传道之称。

笃志业儒，曰磨穿铁砚；弃文就武，曰安用毛锥。五代时桑维翰因姓与"丧"谐音，屡次应试不中，于是铸了

一个铁砚，发誓铁砚磨穿才改业，后来果然中了进士。毛锥：毛笔。

剑有干将镆铘之名，扇有仁风便面之号。仁风：指仁德之风。便面：用扇子挡住脸，不使人看见。

何谓箑，亦扇之名；何谓籁，有声之谓。箑：音厦，传说古代有一种吉祥草叫作箑，叶子自动扇风。后以箑指扇。籁：指各种声音。

小舟名蚱蜢，巨舰曰艨艟。艨艟音蒙冲，古代战船，船体用牛皮保护。

金根是皇后之车，菱花乃妇人之镜。金根：用金装饰的车。菱花：古代镜子背面有菱花图案，故可代指镜。

银凿落原是酒器，玉参差乃是箫名。唐代称杯为凿落。箫长短不齐，故用玉参差指箫。

刻舟求剑，固而不通；胶柱鼓瑟，拘而不化。

斗筲言其器小，梁栋谓是大材。筲：音稍，半斗。

铅刀无一割之利，强弓有六石之名。铅刀：用铅做成的刀，很软。晋朝羊祜的弓要六石的力气才能拉得开。

杖以鸠名，因鸠喉之不噎；钥同鱼样，取鱼目之常醒。手杖称为鸠杖，据说是因为鸠吃东西不会噎食，以提醒老人吃饭慢一点。古代的锁和鱼外形一样，据说是取自鱼常睁着眼，以提醒人们注意的意思。

兜鍪系是头盔，叵罗乃为酒器。鍪：音谋。李白有“葡萄酒，金叵罗，吴姬十五醉马驮”。

短剑名匕首．毡毯曰氍毹。氍毹：音渠书。毛织的布或地毯,旧时演戏多用来铺在地上。

琴名绿绮焦桐，弓号乌号繁弱。柘树上常有乌鸦聚集，赶走时乌鸦号呼，用柘树做的弓因此称为乌号。繁弱是地名，出产的弓很硬。

香炉曰宝鸭，烛台曰烛奴。

龙涎鸡舌，悉是香名；鹢首鸭头，别为船号。鹢：音益，水鸟名。

寿光客，是妆台无尘之镜；长明公，是梵堂不灭之灯。隋代御史王度有宝镜，有病者照之即愈。梵堂：佛堂。

桔槔是田家之水车，袯襫是农夫之雨具。桔槔：音节高，井上汲水的一种工具。也泛指吊物的简单机械。袯襫：音脖士，古时指农夫穿的蓑衣之类。

乌金，炭之美誉；忘归，矢之别名。忘归：去而忘返。

夜可击，朝可炊，军中刁斗；云汉热，北风寒，刘褒画图。刁斗：用铜制作，古代军队夜间用来打更，白天做饭。刘褒画图：汉代刘褒画《云汉图》，观看的人都感到热，又画《北风图》，看到的人都凉。

勉人发愤，曰猛着祖鞭；求人宥罪，曰幸开汤网。晋代刘琨与祖逖要好，曾给好友写信说："我立志驱除南犯的敌人只恐祖逖的马鞭打到我的前面。"宥：音右，宽待。汤网：商汤看见有猎人捕鸟，四面用网围住，就说："这是夏桀的做法"。于是去掉三面，只留一面，诸侯听说了，赞叹说："商汤的仁慈兼及禽兽，真是德行高尚啊。"

拔帜立帜，韩信之计甚奇；楚弓楚得，楚王所见未大。韩信打伏时，曾要求部下将敌人阵地的旗帜都换成自己的旗帜，结果敌人大败。楚王的弓丢失了，手下人要去找，楚王说："楚人丢失了弓，还不是楚人拾到了，何必去找呢？"

董安于性缓，常佩弦以自急，西门豹性急，常佩韦以自宽。董安于：战国人，常佩着弓弦以提醒自己保持紧张。西门豹：战国时人，常佩着牛皮以提醒自己不要性急。

汉孟敏尝堕甑不顾，知其无益；宋太祖谓犯法有剑，正欲立威。甑：音赠，砂锅。汉代孟敏曾把甑掉到地上，头也不回就走了，别人问他为什么，他说："已经摔破了，看有何益？"

王衍清谈，常持麈尾；横渠讲易，每拥皋比。王衍：晋代人，终日清谈，常拿着拂尘。横渠：宋代张载，号横渠。每拥皋比：常常坐在虎皮座椅中，皋比：虎皮坐垫。

尾生抱桥而死，固执不通；楚妃守符而亡，贞信可录。楚昭王出游时，将夫人留在渐台，和她约定说，一定派人拿着信符来接她，当楚王派人来接时，使者忘记带信符，夫人不敢随往，结果涨水被淹死。

温桥昔燃犀，照见水族之鬼怪；秦政有方镜，照见世人之邪心。

车载斗量之人，不可胜数；南金东箭之品，实是堪奇。古代东南地区竹箭很好，西南地区的金矿很好，称为南金东箭。晋代顾荣、纪瞻等人品行很好，被誉为南金、东箭。

传檄可定，极言敌之易破；迎刃而解，甚言事之易

为。韩信曾说，三秦地区传一首檄文就可以平定了。迎刃而解：晋代杜预进攻吴国时说："现在的形势就像是劈竹子，破开数节后，就可以迎刃而解了。"

以铜为鉴，可整衣冠；以古为鉴，可知兴替。古代的镜子是用铜磨制的。

珍　宝

【原文】

山川之精英，每泄为至宝；乾坤之瑞气，恒结为奇珍。

故玉足以庇嘉谷；明珠可以御火灾。

鱼目岂可混珠；珷玞焉能乱玉。

黄金生于丽水；白银出自朱提。

曰孔方，曰家兄，仅为钱号；日青蚨，曰鹅眼，亦是钱名。

可贵者明月夜光之珠；可珍者璠玙琬琰之玉。

宋人以燕石为玉，什袭缇巾之中；楚王以璞玉为石，两刖卞和之足。

惠王之珠光能照乘；和氏之璧价重连城。

鲛人泣泪成珠；宋人削玉为楮。

贤乃国家之宝；儒为席上之珍。

王者聘贤，束帛加璧；真儒抱道，怀瑾握瑜。

雍伯多缘，种玉于蓝田而得美玉；太公奇遇，钓璜于渭水而遇文王。

剖腹藏珠，爱财而不爱命；缠头作锦，助舞而更助娇。

孟尝廉洁，克俾合浦还珠；相如忠勇，能使秦廷归璧。

玉钗作燕飞，汉宫之异事；金钱成蝶舞，唐库之奇传。

广钱固可以通神；营利乃为鬼所笑。

以小致大谓之抛砖引玉；不知所贵谓之买椟还珠。

贤否罹害，如玉石俱焚；贪得无厌，虽锱铢必较。

崔烈以钱买官，人皆恶其铜臭；秦嫂不敢视叔，自言畏其多金。

熊衮父亡，天乃雨钱助葬；仲儒家窘，天乃雨金济贫。

汉杨震畏四知而辞金，唐太宗因惩贪而赐绢。

晋鲁褒作钱神论，尝以钱为孔方兄；王夷甫口不言钱，乃谓钱为阿堵物。

然而床头金尽，壮士无颜；囊内钱空，阮郎羞涩。

但匹夫不可怀璧，人生孰不爱财。

【注释】

山川之精英，每泄为至宝；乾坤之瑞气，恒结为奇珍。

故玉足以庇嘉谷，明珠可以御火灾。古代认为珠玉等是山川精华泄露出来的，可以防灾得福。

鱼目岂可混珠，珷玞焉能乱玉。珷玞：音武夫，像玉的石头。

黄金生于丽水，白银出自朱提。丽水：指金沙江，出产金沙。朱提：朱提山，在四川西部，出产白银。

曰孔方，曰家兄，仅为钱号；日青蚨，曰鹅眼，亦是钱名。晋代鲁褒曾写《钱神论》，称钱“亲如家兄，字曰孔方”。青蚨：《搜神记》中记载的一种虫子，据说捉住母虫，子虫就飞来，捉住虫子，母虫就飞来，将母虫和子虫的血涂在八十一文钱上，都会复飞回来。鹅眼：宋代沈庆通家私铸的钱，一千文穿起来还不到三尺长，被称为鹅眼钱。

可贵者明月夜光之珠，可珍者璠玙琬琰之玉。璠玙琬琰：音凡鱼碗眼。都是美玉的名字。

宋人以燕石为玉，什袭缇巾之中；楚王以璞玉为石，两刖卞和之足。缇：音提。刖：音月。宋国有一个人把燕石当作玉，用十重黄色的丝巾包藏起来。缇巾：黄色丝巾。卞和：楚国人，得到一块璞玉，献给楚王，结果楚厉王和楚武王都认为是欺骗自己，砍去了他的双足，后来文王相信了卞和，剖开璞玉，果真得到一块美玉，起名为“和氏璧”。

惠王之珠，光能照乘；和氏之璧，价重连城。战

国时魏惠王，曾吹嘘自己有玉能照亮前后十二乘车。和氏璧被赵国得到后，秦国言欲用十五座相连的城换取它。

鲛人泣泪成珠，宋人削玉为楮。《博物志》载，水国鲛人的泪滴可以变成珍珠。传说宋国人用玉刻削成楮树叶，放在真楮叶中很难分辨真假。

贤乃国家之宝，儒为席上之珍。孔子曾说：儒者就像席上的珍宝一样等待人来聘用。

王者聘贤，束帛加璧；真儒抱道，怀瑾握瑜。汉武帝派人带束帛和玉璧请申公到朝廷来任职。真正的儒者坚持真理，就像怀里拥着瑾，手中握着瑜一样。瑾、瑜：都指美玉。

雍伯多缘，种玉于蓝田而得美妇；太公奇遇，钓璜于渭水而遇文王。

剖腹藏珠，爱财而不爱命；缠头作锦，助舞而更助娇。舞女缠在头上的装束，也指赠给舞女的锦帛及钱财。

孟尝廉洁，克俾合浦还珠；相如忠勇，能使秦廷归璧。俾：音比。广西合浦产珍珠，因太守贪欲无度，珍珠都迁移走了，后来孟尝担任太守，十分廉洁，珍珠慢慢又迁回来了。相如：指蔺相如。

玉钗作燕飞，汉宫之异事；金钱成蝶舞，唐库之奇传。汉武帝时有两仙女赠玉钗，汉武帝送给赵婕妤，宫人想打碎玉钗，结果玉钗变成白燕飞天而去。唐穆宗时，宫中牡丹花开放，有黄色、白色的蝴蝶数万在花间飞舞，皇帝命令张网捕捉，得到数百只，仔细一看，原来是府库的金钱。

广钱固可以通神，营利乃为鬼笑。唐代张延断案，有人送他一万钱，请他不要过问此事，张延不理会，第二天，有人又送十万钱，张延说："十万钱可以通神灵，我担心遭受灾祸，不能不停止了。"南朝刘伯龙担任官职，家中很穷，想赚点钱，旁边有一个鬼拍手大笑，刘伯龙叹息说："贫穷是命，今天被鬼笑话。"

以小致大，谓之抛砖引玉；不知所贵，谓之买椟还珠。

贤否罹害，如玉石俱焚；贪得无厌，虽锱铢必算。否：指不贤的人。罹：音离。锱铢：极小的重量单位。

崔烈以钱买官，人皆恶其铜臭；秦嫂不敢视叔，自言畏其多金。崔烈：汉代人，用五百万钱买了一个司徒的官职，结果儿子崔均说："外面的人都说你有铜臭味。"秦嫂：苏秦的嫂子。传说苏秦潦落时，嫂子不给他做饭，受到赵王重用后，嫂子跪在地上不抬头见他，苏秦问她为何，嫂子说："因为你地位高，钱非常多。"

熊衮父亡，天乃雨钱助葬；仲儒家窘，天乃雨金济贫。熊衮：唐代御史，奉公守法，家无积蓄。父亲死后，上天降下十万钱帮他安葬。仲儒：翁仲儒家贫，上天降下十斛金给他家，因此他可以与王侯比富。

汉杨震畏四知而辞金，唐太宗因惩贪而赐绢。汉震：汉代人，曾经推荐王密为邑令，王密晚上带着金子赠给他，说："黑夜无人知道。"杨震说："天知地知，你知我知，何谓无知。"唐代长孙顺德接受别人赠给的绢，事情被发觉后，唐太宗又赐给绢十匹，使他羞愧难当。

晋鲁褒作钱神论，尝以钱为孔方兄；王夷甫口不言钱，乃谓钱为阿堵物。

然而床头金尽，壮士无颜；囊内钱空，阮郎羞涩。晋代阮孚带一个面囊游会稽，有人问他包中是何物，阮孚说：“只有一文钱看包，恐怕它羞涩。”

但匹夫不可怀璧，人生孰不爱财。

贫 富

【原文】

命之修短有数；人之富贵在天。

惟君子安贫；达人知命。

贯朽粟陈，称羡财多之谓；紫标黄榜，封记财库之名。

贪爱钱物谓之钱愚；好置由宅谓之地癖。

守钱虏，讥蓄财而不散；落魄夫，谓失业之无依。

贫者地无立锥，富者田连阡陌。

室如悬磬言其甚窘；家无儋石谓其极贫。

无米曰在陈；守死曰待毙。

富足曰殷实；命蹇日数奇。

甦涸鲋乃济人之急；呼庚癸是乞人之粮。

家徒壁立，司马相如之贫；扊扅为炊，秦百里奚之苦。

鹄形菜色皆穷民饥饿之形；炊骨爨骸，谓军中乏粮之惨。

饿死留君臣之义，伯夷叔齐；资财敌王公之富，陶朱猗顿。

石崇杀妓以侑酒，恃富行凶；何曾一食费万钱，奢侈过甚。

二月卖新丝，五月粜新谷，真是剜肉医疮；三年耕而有一年之食，九年耕而有三年之食，庶几遇荒有备。

贫士之肠习黎苋，富人之口厌膏粱。

石崇以蜡代薪，王恺以饴沃釜。

范丹釜中生鱼破甑生尘；曾子捉襟见肘纳履决踵。

子路衣敝缊袍，与轻裘立，贫不可言；韦庄数米而炊，称薪而爨，俭有可鄙。

总之，饱德之士，不愿膏粱；闻誉之施奚图文绣。

【注释】

命之修短有数，人之富贵在天。修短：长短。

惟君子安贫，达人知命。达人：通达之人。

贯朽粟陈，称羡财多之谓；紫标黄榜，封记钱库之名。贯：穿钱的绳子。紫标黄榜：梁武帝爱钱，每百万为一堆，挂上黄榜，每千万为一库，挂上紫标。

贪爱钱物，谓之钱愚；好置由宅，谓之地癖。晋代和峤担任太傅，富比王侯，但是吝啬，杜预称他为“钱愚”。唐李恺善于置办田产，人称地癖。

守钱虏，讥蓄财而不散；落魄夫，谓失业之无依。汉代马援发财后，将其钱财全部分给亲朋好友，说：“挣了钱，贵在能施舍予人，否则只是守钱虏罢了。”

贫者地无立锥，富者田连阡陌。阡陌：田间的道路。

室如悬磬，言其甚窘；家无儋石，谓其极贫。悬磬：悬着的磬。磬：石制或玉制的乐器，很光滑。儋：音单，古代容量单位，一石是十斗，两石为一儋。

无米曰在陈，守死曰待毙。在陈：指孔子在陈被困之事。楚国派人聘请孔子，孔子前往楚国，经过陈蔡时，被陈蔡出兵相阻，孔子不能通过，断粮七天。

富足曰殷实，命蹇日数奇。蹇：音简，艰阻，不顺利。数奇：命数单而不偶合。

甦涸鲋，乃济人之急；呼庚癸，是乞人之粮。甦：音苏。庚癸：指粮食。古代军队中曾用庚癸作为暗语代指粮食。

家徒壁立，司马相如之贫；扊扅为炊，秦百里奚之苦。扊扅：音掩夷，门闩。

鹄形菜色，皆穷民饥饿之形；炊骨爨骸，谓军中乏粮之惨。鹄形：像野鹅的样子，指瘦弱。爨：音窜，炊也。

饿死留君臣之义，伯夷叔齐；资财敌王公之富，陶朱倚顿。陶朱：指范蠡，曾积累财产百万，自号陶朱公。倚顿：山东的贫士，听说陶朱公致富，前往请教致富之术，后来倚顿按陶朱公的指点去做，很快致富。

石崇杀妓以侑酒，恃富行凶；何曾一食费万钱，奢侈过甚。侑：音右，劝。晋代何曾一顿饭花费万钱，还说无处下筷。

二月卖新丝，五月粜新谷，真是剜肉医疮；三年耕而有一年之食，九年耕而有三年之食，庶几遇荒有备。本句是指农夫和蚕户的痛苦和理想。

贫士之肠习藜苋，富人之口厌膏粱。藜、苋：指藜草和苋菜。膏粱：指肥肉和优质米。

石崇以蜡代薪，王恺以饴沃釜。晋代石崇曾用蜡代替木柴，晋代王恺曾用粮洗锅。

范丹土灶生蛙，破甑生尘；曾子捉襟见肘，纳履决踵，贫不胜言；韦庄数米而饮，称薪而爨，俭有可鄙。范丹：汉代人，家中很穷，灶中长出青蛙，砂锅中积满尘土。曾子：孔子的弟子，很穷，拉衣襟露出胳膊，鞋子露出脚后跟。韦庄：唐代人，生性吝啬。爨：音窜，炊也。

总之饱德之士，不愿膏粱；闻誉之施，奚图文绣。饱德：心中充满仁德。奚：何必。

疾病死丧

【原文】

福寿康宁，固人之所同欲；死亡疾病，亦人所不能无。

惟智者能调，达人自玉。

问人病曰贵体违和；自谓疾曰偶沾微恙。

罹病者甚为造化小儿所苦；患病者岂是实沈台骀为灾。

病不可为曰膏肓；平安无事曰无恙。

采薪之忧，谦言抱病；河鱼之患，系是腹疾。

可以勿药，喜其病安；厥疾勿瘳，言其病笃。

疟不病君子，病君子正为疟耳；卜所以决疑，既不疑复何卜哉。

谢安梦鸡而疾不起，因太岁之在酉；楚王吞蛭而疾乃痊，因厚德之及人。

将属纩，将易箦，皆言人之将死；作古人，登鬼箓，皆言人之已亡。

亲死则丁忧；居丧则读礼。

在床谓之尸；在棺谓之柩。

报孝书曰讣；慰孝子曰唁。

往吊曰匍匐；庐墓日倚庐。

寝苫枕块，哀父母之在土；节哀顺变，劝孝子之惜身。

男子死曰寿终正寝；女人死曰寿终内寝。

天子死曰崩，诸侯死曰薨，大夫死曰卒，士人死曰不禄，庶人死曰死，童子死曰殇。

自谦父死曰孤子，母死曰哀子，父母俱死曰孤哀子；自言父死曰失怙，母死曰失恃，父母俱死曰失怙恃。

父死何谓考，考者成也，已成事业也；母死何谓妣，妣者媲也，克媲父美也。

百日内曰泣血；百日外曰稽颡。

期年曰小祥，两期曰大祥。

不缉曰斩衰，缉之曰齐衰，论丧之有轻重；九月为大功，五月为小功，言服之有等伦。

三月之服曰缌麻，三年将满曰禫礼。

孙承祖服，嫡孙杖期；长子已死，嫡孙承重。

死者之器曰明器，待以神明之道；孝子之杖曰哀杖，为扶痛哀之躯。

父之节在外，故杖取乎竹；母之节在内，故杖取乎桐。

以财物助丧家谓之赙；以车马助丧家谓之赗。

以衣殓死者之身谓之襚；以玉实死者之口谓之琀。

送丧曰执绋，出柩曰驾輀。

吉地曰牛眠地；筑坟曰马鬣封。

墓前石人原名翁仲；柩前功布今日铭旌。

挽歌始于田横；墓志创于傅奕。

生坟曰寿藏；死墓曰佳城。

坟曰夜台，圹曰窀穸。

已葬曰瘗玉，致祭曰束刍。

春祭曰禴，夏祭曰禘；秋祭曰尝；冬祭曰烝。

饮杯棬而抱痛，母之口泽如存；读父书以增伤，父之手泽未泯。

子羔悲亲而泣血；子夏哭子而丧明。

王裒哀父之死，门人因废蓼莪诗；王修哭母之亡，邻里遂停桑柘杜。

树欲静而风不息，子欲养而亲不在，皋鱼增感；与其椎牛而祭墓，不如鸡豚之逮存，曾子兴思。

故为人子者，当思木本水源；须重慎终追远。

【注释】

福寿康宁，固人之所同欲；死亡疾病，亦人所不能无。

惟智者能调，达人自玉。智者能够调和五脏身心，通达的人会自我珍重。

问人病曰贵体违和，自谓疾曰偶沾微恙。违和：不调和。微痒：小毛病。

罹病者，甚为造化小儿所苦；患病者，岂是实沈台骀为灾。罹：遭遇。实沈、台骀：传说中的参神、汾神，能使人生病。骀：音台，劣马。

病不可为，曰膏肓；平安无事，曰无恙。膏：指心下的部位。肓：指胞腹之间的横隔。

采薪之忧，谦言抱病；河鱼之患，系是腹疾。采薪：意思是患病不能负薪。因为鱼腐烂是从内至外，故用河鱼之患指腹泻。

可以勿药，喜其病安；厥疾勿瘳，言其病笃。厥：谓足逆冷也。瘳：愈。

疟不病君子，病君子正为疟耳；卜所以决疑，既不疑复何卜哉？晋朝有一小儿的父亲病了，有人问他：“你父亲是有品德的君子，怎么会得疟疾呢？”小儿说：“正因为它让君子患病，所以才叫疟疾。”

谢安梦鸡而疾不起，因太岁之在酉；楚王吞蛭而疾乃痊，因厚德之及人。晋代谢安梦见乘坐桓温的车子走了十六里，看见一只白鸡就停下来了。不知何意。后来谢安接替桓温任宰相，过了十六年忽然得病，谢安才悟

到："原来十六里意味着十六年，见到白鸡而停止，意味着酉年，我将一病不起了。"不久果然病死。楚王吃饭时吃出一条水蛭来，想吐掉又怕厨师因此获罪，就勉强吞进去而得病。令尹知道其中的缘由，就对楚王说："大王有这样的德行，此病不会有什么伤害。"后来果然好了。

将属纩，将易箦，皆言人之将死；作古人，登鬼箓，皆言人之已亡。属纩：将帛放在人鼻下，检查是否断气。纩：音旷，新丝或绵絮。易箦：换下竹席。箦：音责，竹席。箓：音录，簿籍。

亲死则丁忧，居丧则读礼。丁忧：遭遇忧伤，指居丧。读礼：《礼记》中载，死者未葬时读葬礼，既葬则读祭礼。

在床谓之尸，在棺谓之柩。柩：装了尸体的棺材。

报丧书曰讣，慰孝子曰唁。讣：报丧的文告。唁：慰问死者家属。

往吊曰匍匐，庐墓日倚庐。匍匐：爬行，指前往吊唁。倚庐：古代在父母墓边搭小屋居住以守墓，称为倚庐。

寝苫枕块，哀父母之在土；节哀顺变，劝孝子之惜身。苫：音山，用茅草编成的覆盖物。块：土块。

男子死曰寿终正寝，女人死曰寿终内寝。正寝：正厅。内寝：内室。古代男子将要死时，就移到正厅东首，以候气绝。如果是女子仍然躺在内室。

天子死曰崩，诸侯死曰薨，大夫死曰卒，士人死曰不禄，庶人死曰死，童子死曰殇。薨：音轰。

自谦父死曰孤子，母死曰哀子，父母俱死曰孤哀子；自言父死曰失怙，母死曰失恃，父母俱死曰失怙恃。怙：仰仗。恃：依靠。

父死何谓考，考者成也，已成事业也；母死何谓妣，妣者媲也，克媲父美也。克媲父美：可以和父亲媲美。

百日内曰泣血，百日外曰稽颡。稽颡：叩头。颡：音嗓，额头。

期年曰小祥，两期曰大祥。

不缉曰斩衰，缉之曰齐衰，论丧之有轻重；九月为大功，五月为小功，言服之有等伦。衰：古代丧服，用粗麻布制成。丧服有五种，即斩衰、齐衰、大功、小功、缌麻，按与死者的不同关系穿用。穿的时间也有长短，大功要穿九个月，小功要穿五个月，缌麻要穿三个月。斩衰：不缝边的丧服。齐衰：缝边的丧服。

三月之服曰缌麻，三年将满曰禫礼。禫礼：指除去

丧服的祭礼。禫：音淡，古时丧家除服的祭祀

孙承祖服，嫡孙杖期；长子已死，嫡孙承重。祖父母死了，嫡孙要服一年丧，手中拿着丧杖，称为杖期。承重：长子死了，由嫡孙代替服丧，称为承重孙，即承担重任的意思。

死者之器曰明器，待以神明之道；孝子之杖曰哀杖，为扶哀痛之躯。明器：陪葬的器物。

父之节在外，故杖取乎竹；母之节在内，故杖取乎桐。父亲的气节在外，所以哀杖用竹子制作。

以财物助丧家，谓之赙；以车马助丧家，谓之帽；以衣殓死者之身，谓之襚；以玉实死者之口，谓之琀。赙：音父。

送丧曰执绋，出柩曰驾輀。执绋：拉住绳子。绋：指引棺材入墓穴的绳子。輀：音耳，丧车也。

吉地曰牛眠地，筑坟曰马鬣封。牛眠地：牛睡觉的地方，指风水好。晋代陶侃的父亲死后，将下葬时，牛不见了，有老人说："牛睡在前面山间的污泥中，如果将死者葬在那里，后代会出将军。"陶侃后来果然当了将军。马鬣封：孔子安葬母亲后，筑的坟像马脖子上的鬣毛。

墓前石人，原名翁仲；柩前功布，今日铭旌。铭旌：指灵柩前记载功劳的布。

挽歌始于田横，墓志创于傅奕。

生坟曰寿藏，死墓曰佳城。寿藏：给活人修的坟。

坟曰夜台，圹曰窀穸。夜台：指墓中昏暗如夜。窀穸：音谆昔，墓穴。

已葬曰瘗玉，致祭曰束刍。瘗：音义，埋。束刍：将青草放在灵前。

春祭曰禴，夏祭曰禘，秋祭曰尝，冬祭曰烝。禴：读作乐。禘：音帝。烝：音争。

饮杯棬而抱痛，母之口泽如存；读父书以增伤，父之手泽未泯。用母亲用过的杯子而心中悲痛，母亲口中的气息像还存在一样。棬：音圈，曲木制成的饮器。

子羔悲亲而泣血，子夏哭子而丧明。

王裒哀父之死，门人因废蓼莪诗；王修哭母之亡，邻里遂停桑柘社。裒：音掊。晋代人王裒一读到怀念父母的《蓼莪》诗就悲痛欲绝，他的学生因此不再读这首诗。停桑柘社：魏朝王修的母亲因为在社日那天去世，次年社日，邻里因为王修极为悲痛，就停止了社日活动。

树欲静而风不息，子欲养而亲不在，皋鱼增感；与其椎牛而祭墓，不如鸡豚之逮存，曾子兴思。皋鱼：齐

国人，曾对孔子说：“树欲静而风不止，儿子想赡养双亲已不在。”后来痛哭而死。曾子曾说：“与其杀牛去祭祀，不如在亲人活着的时候用鸡猪好好供养。”

故为人子者，当思木本水源，须重慎终追远。慎终追远：重视安葬，追念逝者。

卷　四

文　事

【原文】

多才之士，才储八斗；博学之德，学富五车。

三坟五典，乃三皇五帝之书；八索九丘，是八泽九州之志。

书经载上古唐虞三代之事，故曰尚书；易经乃姬周文王周公所系，故曰周易。

二戴曾删礼记，故曰戴礼；二毛曾注诗经，故曰毛诗。

孔子作春秋，因获麟而绝笔，故曰麟经。荣于华衮，乃春秋一字之褒；严于斧钺，乃春秋一字之贬。

缣缃黄卷，总谓经书；雁帛鸾笺，通称简札。

锦心绣口，李太白之文章；铁画银钩，王羲之之字法。

雕虫小技，自谦文学之卑；倚马可待，羡人作文之速。

称人近来进德，曰士别三日，当刮目相看；羡人学业精通，曰面壁九年，始有此神悟。

五凤楼手，称文字之精奇；七步奇才，羡天才之敏捷。

誉才高，曰今之班马；羡诗工，曰压倒元白。

汉晁错多智，景帝号为智囊；高仁裕多诗，时人谓之诗窖。

骚客即是诗人，誉髦乃称美士。

自古诗称李杜，至今字仰钟王。

白雪阳春，是难和难赓之韵；青钱万选，乃屡试屡中之文。

惊神泣鬼，皆言词赋之雄豪；遏云绕梁，原是歌音之嘹亮。

涉猎不精，是多学之弊；咿唔呫占毕，皆读书之声。

连篇累牍，总说多文；寸楮尺素，通称简札。

以物求文，谓之润笔之资；因文得钱，乃曰稽古之力。

文章全美，谓文不加点；文章奇异，曰机杼一家。

应试无文，谓之曳白；书成绣梓，谓之杀青。

袜线之才，自谦才短；记问之学，自愧学肤。

裁诗曰推敲；旷学曰作辍。

文章浮薄，何殊月露风云；典籍储藏，皆在兰台石室。

秦始皇无道，焚书坑儒；唐太完好文，开科取士。

花样不同，乃谓文章之异；燎草塞责，不求辞语之精。

邪说曰异端，又曰左道；读书曰肄业，又曰藏修。

作文曰染翰操觚，从师曰执经问难。

求作文曰乞挥如椽笔；羡高文曰才是大方家。

竞尚佳章，曰洛阳纸贵；不嫌问难，曰明镜不疲。

称人书架曰邺架，称人嗜学曰书淫。

白居易生七月，便识之无二字；唐李贺才七岁，作高轩过一篇。

开卷有益，宋太宗之要语；不学无术，汉霍光之为人。

汉刘向校书于天禄，太乙燃藜；赵匡胤代位于后周，陶谷出诏。

江淹梦笔生花，文思大进；扬雄梦吐白凤，词赋愈奇。

李守素通姓氏之学，世南名为人物志；虞世南晰古今之理，太宗号为行秘书。

茹古含今，皆言学博；咀英嚼华，总曰文新。

文望尊隆，韩退之若泰山北斗；涵养纯粹，程明道如良玉精金。

李白才高，咳唾随风生珠玉；孙绰词丽，诗赋掷地作金声。

【注释】

多才之士，才储八斗；博学之儒，学富五车。晋谢灵运曾说："天下才共一石，子建独得八斗，我得一斗，天下人共得一斗。"

三坟五典，乃三皇五帝之书；八索九丘，是八泽九州之志。八索九丘：上古时的地理书。

书经载上古唐虞三代之事，故曰尚书；易经乃姬周文王周公所系，故曰周易。尚书：原意为上古之书。

二戴曾删礼记，故曰戴礼；二毛曾注诗经，故曰毛诗。

孔子作春秋，因获麟而绝笔，故曰麟经。孔子所著的《春秋》，写到鲁哀公捕获麒麟就这写了，因为孔子认为这是世道衰落的象征。

荣于华衮，乃春秋一字之褒；严于斧钺，乃春秋一字之贬。得到《春秋》的一个字的表扬比得到华丽的衣服还要光荣，受到《春秋》的贬损比受斧钺之刑还要难受。

缣缃黄卷，总谓经书；雁帛鸾笺，通称简札。缣缃：淡黄色的丝绢，用来保护书。黄卷：夹在书中灭虫的黄纸。雁帛：汉朝曾假称从一只系有帛书的雁身上获得苏武的消息，借此向匈奴索还苏武。鸾笺：印有鸾凤的信笺。

锦心绣口，李太白之文章；铁画银钩，王羲之之字法。

雕虫小技，自谦文学之卑；倚马可待，羡人作文之速。雕虫：蛀木的虫。晋代袁宏靠在马上写檄文，很快写就。

称人近来进德，曰士别三日，当刮目相看；羡人学业精通，曰面壁九年，始有此神悟。士别三日：三国时鲁肃对吕蒙的赞语。面壁九年：禅祖达摩曾在嵩山少林寺面壁而坐九年，将法衣传给慧可。

五凤楼手，称文字之精奇；七步奇才，羡天才之敏捷。宋代韩洎文章写得好，自称为“五凤楼手”。

誉才高，曰今之班马；羡诗工，曰压倒元白。班马：指汉代班固和马融。杨汝士与白居易、元稹参加宴

会，即席作诗，大家推认杨汝士的诗最好，杨汝士回去对人说："今日压倒元白了。"

汉晁错多智，景帝号为智囊；高仁裕多诗，时人谓之诗窖。高仁裕：唐代人，写诗万篇，时人称为诗窖子。

骚客即是诗人，誉髦乃称美士。誉髦：美好英俊。

自古诗称李杜，至今字仰钟王。钟王：三国时书法家钟繇和晋代书法家王羲之。

白雪阳春，是难和难赓之韵；青钱万选，乃屡试屡中之文。赓：音羹，连续、继续之意。唐代张鷟每次应试都名列前茅，人们称赞他的文章如青铜钱，万选万中，称他为"青钱学士"。

惊神泣鬼，皆言词赋之雄豪；遏云绕梁，原是歌音之嘹亮。相传古代有叫韩娥的女子唱歌换得食物，她走以后，余音绕梁，三日不绝。

涉猎不精，是多学之弊；咿唔呫毕，皆读书之声。

连篇累牍，总说多文；寸楮尺素，通称简札。牍：文书。寸楮：小块的纸。尺素：书信。

以物求文，谓之润笔之资；因文得钱，乃曰稽古之力。稽古：研究古代的东西。

文章全美，曰文不加点；文章奇异，曰机杼一家。文不加点：文章没有一点要修改。机杼一家：布局要成一体。

应试无文，谓之曳白；书成镌梓，谓之杀青。曳白：指交白卷。镌梓：刻印。杀青：古代是用竹简写字，要先将竹烤出水分去掉青皮，称为杀青。

袜线之才，自谦才短；记问之学，自愧学肤。李白曾说："韩昭祖的才能，如拆下的袜线，没有一根是长的。"学肤：学问肤浅。

裁诗曰推敲，旷学曰作辍。作辍：停止。

文章浮薄，何殊月露风云；典籍储藏，皆在兰台石室。汉代有兰台以藏书，有石室以藏高祖与功臣的誓言。

秦始皇无道，焚书坑儒；唐太完好文，开科取士。开科：开科举取士之先。

花样不同，乃谓文章之异；燎草塞责，不求辞语之精。

邪说曰异端，又曰左道；读书曰肄业，又曰藏修。手足以右边为方便，故称不正当之术为左道。肄：音艺，学习。

作文曰染翰操觚，从师曰执经问难。翰、觚：笔和木筒。

求作文，曰乞挥如椽笔；羡高文，曰才是大方家。椽笔：大手笔。大方家：有大道的人。

竞尚佳章，曰洛阳纸贵；不嫌问难，曰明镜不疲。明镜不疲：明镜不怕多照，指有学问的人不怕多请教。

称人书架曰邺架，称人嗜学曰书淫。邺架：唐李泌被封为邺候，藏书很多，故后来称书架为邺架。

白居易生七月，便识之无二字；唐李贺才七岁，作《高轩过》一篇。

开卷有益，宋太宗之要语；不学无术，汉霍光之为人。

汉刘向校书于天禄，太乙燃藜；赵匡胤代位于后周，陶谷出诏。太乙燃藜：汉代刘向元宵节时一人在天禄阁校书，有一个黄衣老在进来吹燃拐杖照明，自称是太乙星的精魂。陶谷出诏：宋太祖赵匡胤黄袍加身时，没有周皇帝禅位诏书，翰林学士陶谷已写好诏书，这时就从袖中拿出。

江淹梦笔生花，文思大进；扬雄梦吐白凤，词赋愈奇。

李守素通姓氏之学，敬宗名为人物志；虞世南晰古今之理，太宗号为行秘书。唐代李守素被许敬宗称为人物志。唐太宗出行，有人请求带些书，太宗说：“虞世南就是行走秘书监，不用带书。”

茹古含今，皆言学博；咀英嚼华，总曰文新。茹：吃。

文望尊隆，韩退之若泰山北斗；涵养纯粹，程明道如良玉精金。程明道：宋代理学家程颢。人称为明道先后。

李白才高，咳唾随风生珠玉；孙绰词丽，诗赋掷地作金声。孙绰：晋代人。范荣期称赞他写的《天台赋》掷地会发出金石之声。

科 第

【原文】

士人入学曰游泮，又曰采芹；士人登科曰释褐，又曰得隽。

宾兴即大比之年，贤书乃试录之号。

鹿鸣宴，款文榜之贤；鹰扬宴，待武科之士。

文章入式，有朱衣以点头；经术既明，取青紫如拾芥。

其家初中，谓之破天荒；士人超拔，谓之出头地。

中状元，曰独占鳌头；中解元，曰名魁虎榜。

琼林赐宴，宋太宗之伊始；临轩问策，宋神宗之开端。

同榜之人，皆是同年；取中之官，谓之座主。

应试见遗，谓之龙门点额；进士及第，谓之雁塔题名。

贺登科，曰荣膺鹗荐；入贡院，曰鏖战棘闱。

金殿唱名曰传胪，乡会放榜曰撤棘。

攀仙桂，步青云，皆言荣发；孙山外，红勒帛，总是无名。

英雄入吾彀，唐太宗喜得佳士；桃李属春官，刘禹锡贺得门生。

薪，采也，槱，积也，美文王作人之诗，故考士谓之薪槱之典；汇，类也；征，进也；是连类同进之象，故进贤谓之汇征之途。

赚了英雄，慰人下第；傍人门户，怜士无依。

虽然有志者事竟成，伫看荣华之日；成丹者火候到，何惜烹炼之功。

【注释】

士人入学曰游泮，又曰采芹；士人登科曰释褐，又曰得隽。《诗经》中有“畏乐泮水，薄采其芹。”泮指学校。释褐：脱去粗毛布制的褐衣。得隽：得引隽杰。

宾兴即大比之年，贤书乃试录之号。宾兴：《周礼》中指选择贤能的人。贤书：乃登录贤才的书簿。

鹿鸣宴，款文榜之贤；鹰扬宴，待武科之士。鹿鸣：《诗经》中宴请宾客的篇名，后指皇帝招待录取者的宴会。鹰扬：《诗经》曾用来赞颂吕尚的气度，意为如鹰之飞扬。

文章入式，有朱衣以点头；经术既明，取青紫如拾芥。欧阳修作贡举考官，阅卷时，觉得有红衣老人在旁边点头，文章就合格，于是写诗云：“文章自古无凭据，惟愿朱衣暗点头。”取青紫如拾芥：穿上青紫色的官服就像拾取芥草一样容易。

其家初中，谓之破天荒；士人超拔，谓之出头地。出人头地原是欧阳修赏识苏轼的才华所说的话，意思是

苏轼将要超过自己。

中状元，曰独占鳌头；中解元，曰名魁虎榜。晋士晋见皇帝，状元正好站在雕刻着巨鳌的地方。魁虎榜：唐代欧阳詹与韩愈同榜中进士，人称魁虎榜。

琼林赐宴，宋太宗之伊始；临轩问策，宋神宗之开端。从宋太宗开始在琼林苑宴请进士。临轩问策：皇帝亲自策问考试。

同榜之人，皆是同年，取中之官，谓之座主。座主：进士对主考官的称呼。

应试见遗，谓之龙门点额；进士及第，谓之雁塔题名。应试见遗：考试被遗漏，指没有考中。龙门点额：传说黄河上有龙头，鲤鱼跃过就成为龙，没有跃过就点额而回。雁塔题名：唐代中宗以后，对及第的人都在慈恩寺雁塔上题名。

贺登科，曰荣膺鹗荐；入贡院，曰鏖战棘闱。汉代孔融曾向皇帝推荐祢衡，称赞他为鹗鸟。棘闱：古代考试时，有时用棘木将考场围起，故称棘围。

金殿唱名曰传胪，乡会放榜曰撤棘。皇帝在殿上圈点名次，宰相拆开读名字，由阁门、卫士依次传呼到殿外。

攀仙桂，步青云，皆言荣发；孙山外，红勒帛，总是无名。宋代刘几常说过头话，欧阳修十分厌恶，就用红笔横着抹掉，称此为红勒帛。

英雄入吾彀，唐太宗喜得佳士；桃李属春官，刘禹锡贺得门生。彀：音够。桃李属春官：唐代刘禹锡曾写“满城桃李属春官”的诗句庆贺得到门生。

薪，采也，槱，积也，美文王作人之诗，故考士谓之薪槱之典；汇，类也，征，进也，是连类同进之象，故进贤谓之汇征之途。槱：音有，堆积。

赚了英雄，慰人下第；傍人门户，怜士无依。赚了英雄，慰人下第：是安慰士人落第的话。唐代曾有人作诗：“太宗皇帝真长策，赚得英雄尽白头。”

虽然有志者事竟成，伫看荣华之日；成丹者火候到，何惜烹炼之功。

制　作

【原文】

上古结绳记事，仓颉制字代绳。

龙马负图，伏羲因作八卦；洛龟呈瑞，大禹因列九畴。

历日是神农所为，甲子乃大挠所作。

算数作于隶首，律吕造自伶伦。

甲胄舟车，系轩辕之创始；权量衡度，亦轩辕之立规。

伏羲氏造网罟，教佃渔以赡民用；唐太宗造册籍，编里甲以税田粮。

兴贸易，制耒耜，皆由炎帝；造琴瑟，教嫁娶，乃是伏牺。

冠冕衣裳，至黄帝而始备；桑麻蚕织，自元妃而始兴。

神农尝百草，医药有方；后稷播百谷，粒食攸赖。

燧人氏钻木取火，烹饪初兴；有巢氏构木为巢，宫室始创。

夏禹欲通神祇，因铸镛钟于郊庙；汉明尊崇佛教，始立寺观于中朝。

周公作指南车，罗盘是其遗制；钱乐作浑天仪，历家始有所宗。

阿育王得疾，因造无量宝塔；秦政防胡，特筑万里长城。

叔孙通制立朝仪，魏曹丕秩序官品。

周公独制礼乐，萧何造立律条。

尧帝作围棋，以教丹朱；武王作象棋，以象战斗。

文章取士，兴于赵宋；应制以诗，起于李唐。

梨园子弟，乃唐明皇作始；资治通鉴，乃司马光所编。

笔乃蒙恬所造，纸乃蔡伦所为。

凡今人之利用，皆古圣之前民。

【注释】

上古结绳记事，仓颉制字代绳。仓颉：传说是皇帝的史官，创制了文字。

龙马负图，伏羲因画八卦；洛龟呈瑞，大禹因列九畴。传说龙马背着图在黄河中出现，背上有五十五个阴阳点，伏羲氏因此画出八卦。相传大禹治水时，有神龟着文出现在洛河上。

历日是神农所为，甲子乃大桡所作。甲子：指用十天干，十二地支计时的方法，传说是黄帝的大臣大桡创制。

算数作于隶首，律吕造自伶伦。隶首，伶伦：传说都是黄帝手下的大臣。

甲胄舟车，系轩辕之创始；权量衡度，亦轩辕之立规。

伏羲氏造网罟，教佃渔以赡民用；唐太宗造册

籍，编里甲以税田粮。罟：音古，网的总称。赡：满足。

兴贸易，制耒耜，皆由炎帝；造琴瑟，教嫁娶，乃是伏羲。耒耜：音垒似，农具。

冠冕衣裳，至黄帝而始备；桑麻蚕绩，自元妃而始兴。元妃：黄帝的妃子。

神农尝百草，医药有方；后稷播百谷，粒食攸赖。后稷：周朝的始祖。

燧人氏钻木取火，烹饪初兴；有巢氏构木为巢，宫室始创。

夏禹欲通神祇，因铸镛钟于郊庙；汉明尊崇佛教，始立寺观于中朝。镛钟：大钟。立寺观于中朝：在中国设立寺庙。

周公作指南车，罗盘是其遗制；钱乐作浑天仪，历家始有所宗。

育王得疾，因造无量宝塔；秦政防胡，特筑万里长城。古印度国王阿育王，传说他因为得病，就搜罗了西域各塔的龙宫舍利，役使鬼神在一天一夜造成八万四千宝塔。

叔孙通制立朝仪，魏曹丕秩序官品。

周公独制礼乐，萧何造立律条。

尧帝作围棋，以教丹朱；武王作象棋，以象战斗。丹朱：尧的儿子，因为荒淫无度，尧制作围棋以陶冶他的性情。

文章取士，兴于赵宋；应制以诗，起于李唐。

梨园子弟，乃唐明皇作始；资治通鉴，乃司马光所编。唐明皇选乐工、宫女数百人，在梨园亲自教他们乐曲，故称梨园了弟。

笔乃蒙恬所造，纸乃蔡伦所为。

凡今人之利用，皆古圣之前民。古代圣人开创民用之先。

技 艺

【原文】

医士业岐轩之术，称曰国手；地师习青鸟之书，号曰堪舆。

卢医扁鹊，古之名医；郑虔崔白，古之名画。

晋郭璞得青囊经，故善卜筮地理；孙思邈得龙宫方，能医虎口龙鳞。

善卜者，是君平、詹尹之流；善相者，即唐举、子卿之亚。

推命之士即星士，绘图之人曰丹青。

大风鉴，相士之称；大工师，木匠之誉。

若王良，若造父，皆善御之人；东方朔，淳于髡，系滑稽之辈。

称善卜卦者，曰今之鬼谷；称善记怪者，曰古之董狐。

称诹日之人曰太史，称书算之人曰掌文。

掷骰者，喝雉呼卢；善射者，穿杨贯虱。

樗蒲之戏，乃云双陆；橘中之乐，是说围棋。

陈平作傀儡，解汉高白登之围；孔明造木牛，辅刘备运粮之计。

公输子削木鸢，飞天至三日而不下；张僧繇画壁龙，点睛则雷电而飞腾。

然奇技似无益于人，而百艺则有济于用。

【注释】

医士业岐轩之术，称曰国手；地师习青乌之书，号曰堪舆。岐轩：岐指岐伯，指医生。轩指轩辕，即黄帝。青乌之书：堪舆家的祖宗青乌子写有相地的书。

卢医扁鹊，古之名医；郑虔崔白，古之名画。扁鹊：名秦缓，战国时名医，家在卢国，又称卢医。郑虔、崔白：唐代画家。

晋郭璞得青囊经，故善卜筮地理；孙思邈得龙宫方，能医虎口龙鳞。青囊经：有关天文卜筮的书。陈思邈：唐代名医，传说虎曾请他拔去口中金钗，龙曾请他点鳞医病。

善卜者，是君平詹尹之流；善相者，即唐举子卿之亚。君平：汉代人，以占卜为业。詹尹：战国时楚国的太卜官，曾为屈原占卜。唐举、子卿：战国时人。

推命之士即星士，绘图之士曰丹青。

大风鉴，相士之称；大工师，木匠之誉。大风鉴：指迅速而明确。

若王良，若造父，皆善御之人；东方朔，淳于髡，系滑稽之辈。王良：战国时人，赵简子曾让王良驾车。造父：周穆王时人。淳于髡：音昆，战国时人，滑稽善辩。

称善卜卦者，曰今之鬼谷；称善记怪者，曰古之董狐。董狐：春秋时史官。

称诹日之人曰太史，称书算之人曰掌文。诹：音邹，咨询;询问。诹日：选择黄道吉日。

掷骰者，喝雉呼卢；善射者，穿杨贯虱。雉、卢：红点、黑点。古代用五种木头做成骰子，称为枭、卢、雉、犊、塞。穿杨，楚养由基之事。贯虱：纪昌学射之事。

樗蒱之戏，乃云双陆；橘中之乐，是说围棋。樗蒱：音出仆，与双陆一样同为赌博游戏。古代巴邛家中有两个大橘子，剖开后，每个橘子中有两个老人在下围棋，谈笑自若。

陈平作傀儡，解汉高白登之围；孔明造木牛，辅刘备运粮之计。陈平曾作傀儡人帮助汉高祖刘邦解除了白登之围。木牛：诸葛亮曾制作木牛流马运粮。

公输子削木鸢，飞天至三日而不下；张僧繇画壁龙，点睛则雷电而飞腾。公输子：即鲁班。

然奇技似无益于人，而百艺则有济于用。

讼 狱

【原文】

世人惟不平则鸣，圣人以无讼为贵。

上有恤刑之主，桁杨雨润；下无冤枉之民，肺石风清。

虽囹圄便是福堂，而画地亦可为狱。

与人构讼，曰鼠牙雀角之争；罪人诉冤，有抢地吁天之惨。

狴犴猛犬而能守，故狱门画狴犴之形；棘木外刺而里直，故听讼在棘木之下。

乡亭之系有岸，朝廷之系有狱，谁敢作奸犯科；死者不可复生，刑者不可复续，上当原情定罪。

囹圄是周狱，羑里是商牢。

桎梏之设，乃拘罪人之具；缧绁之中，岂无贤者之冤。

两争不放，谓之鹬蚌相持；无辜牵连，谓之池鱼受害。

请公入瓮，周兴自作其孽；下车泣罪，夏禹深痛其民。

好讼曰健讼，挂告曰株连。

为人息讼，谓之释纷；被人栽冤，谓之嫁祸。

徒配曰城旦，遣戍是问军。

三尺乃朝廷之法，三木是罪人之刑。

古之五刑，墨、劓、剕、宫、大辟；今之律例：笞、杖、死罪、徒流。

上古时削木为吏，今日之淳风安在；唐太宗纵囚归狱，古人之诚信可嘉。

花落讼庭闲，草生囹圄静，歌何易治民之简；吏从冰上立，人在镜中行，颂卢奂折狱之清。

可见治乱之药石，刑罚为重；兴平之梁肉，德教为先。

【注释】

世人惟不平则鸣，圣人以无讼为贵。

上有恤刑之主，桁杨雨润；下无冤枉之民，肺石风清。桁杨雨润：桁杨像细雨润物。桁杨：刑具。肺石：红色的石头，有冤的人可以站在上面诉说。

虽囹圄便是福堂，而画地亦可为狱。囹圄：音灵雨，监狱。

与人构讼，曰鼠牙雀角之争；罪人诉冤，有抢地吁天之惨。构：同拘。鼠牙雀角：《诗经》中有“谁谓雀无角谁谓鼠无牙何以诉我讼”的诗句。抢地：以头碰地。

狴犴猛犬而能守，故狱门画狴犴之形；棘木外刺而里直，故听讼在棘木之下。狴犴：音闭岸，传说中一种善于守让的野兽。棘木之下：古代规定在棘木之下听取诉讼。

乡亭之系有岸，朝廷之系有狱，谁敢作奸犯科；死者不可复生，刑者不可复续，上当原情定罪。系：指拘押。

囹圄是周狱，羑里是商牢。羑：音有。

桎梏之设，乃拘罪人之具；缧绁之中，岂无贤者之冤。桎梏：脚镣手械。缧绁：音雷泄，拘捕犯人时用的黑色的绳子。

两争不放，谓之鹬蚌相持；无辜牵连，谓之池鱼受害。

请公入瓮，周兴自作其孽；下车泣罪，夏禹深痛其民。唐代周兴谋反，武则天命令来俊臣前去治罪，来俊臣不动声色地问周兴说："犯人不供认，有什么办法？"周兴说："将囚犯丢入在火上烤的大瓮中，什么事办不到？"来俊臣于是说："有人指控你，请兄入瓮吧。"周兴慌忙叩头认罪。下车泣罪：夏禹看见犯人，下车询问而泣说："这是我的德行太薄，不能感化百姓啊。"

好讼曰健讼，挂告曰株连。

为人息讼，谓之释纷；被人栽冤，谓之嫁祸。

徒配曰城旦，遣戍是问军。城旦：早晨起来修城。问军：从军。

三尺乃朝廷之法，三木是罪人之刑。古代用三尺竹简书写的法律。三木：指枷、镣、钮三种刑具。

古之五刑，墨劓剕宫大辟；今之律例，笞杖死罪徒流。墨劓剕宫大辟：面上刺字、割鼻、砍足、阉割、处死。笞杖死罪徒流：抽打、杖打、斩首或绞死、劳役、流放。

上古时削木为吏，今日之淳风安在；唐太宗纵囚归狱，古人之诚信可嘉。削木头作为狱吏。唐太宗曾让死刑犯回家，让他们来年秋天再来接受死刑，结果犯人到期果然回来了。

花落讼庭间，草生囹圄静，歌何易治民之间；吏从冰上立，人在镜中行，颂卢奂折狱之清。何易：唐代时任益昌县令，治理有方，诉讼很少，百姓做歌曰：“花落讼庭间，草行囹圄静。”卢奂：唐代时任南郡守，公正廉明，百姓赞道：“吏从冰上立，人在镜中行。”

可见治乱之药石，刑罚为重；兴平之粱肉，德教为先。汉代崔实曾说：“刑罚可以作为治理乱世的药物，德教可以作为促进兴平的美味。”

鸟 兽

【原文】

麟为毛虫之长，虎乃兽中之王。

麟凤龟龙，谓之四灵；犬豕与鸡，谓之三物。

騄駬骅骝，良马之号；太牢大武，乃牛之称。

羊曰柔毛，又曰长髯主簿；豕名刚鬣，又曰乌喙将军。

鹅名舒雁，鸭号家凫。

鸡有五德，故称之为德禽；雁性随阳，因名之曰阳鸟。

家狸乌圆，乃猫之誉；韩卢楚犷，皆犬之名。

麒麟驺虞，皆好仁之兽；螟螣蟊贼，皆害苗之虫。

无肠公子，螃蟹之名；绿衣使者，鹦鹉之号。

狐假虎威，谓借势而为恶；养虎贻害，谓留祸之在身。

犹豫多疑，喻人之不决；狼狈相倚，比人之颠连。

胜负未分，不知鹿死谁手；基业易主，正如燕入他家。

雁到南方，先至为主，后至为宾；雉名陈宝，得雄则王，得雌则霸。

刻鹄类鹜，为学初成；画虎类犬，弄巧反拙。

美恶不称，谓之狗尾续貂；贪图不足，谓之蛇欲吞象。

祸去祸又至，曰前门拒虎，后门进狼；除凶不畏凶，曰不入虎穴，焉得虎子。

鄙众趋利，曰群蚁附膻；谦己爱儿，曰老牛舐犊。

无中生有，曰画蛇添足；进退两难，曰羝羊触藩。

杯中蛇影，自起猜疑；塞翁失马，难分祸福。

龙驹凤雏，晋闵鸿夸吴中陆士龙之异；伏龙凤雏，司马徽称孔明庞士元之奇。

吕后断戚夫人手足，号曰人彘；胡人腌契丹王尸骸，谓之帝羓。

人之狠恶，同于梼杌；人之凶暴，类于穷奇。

王猛见桓温，扪虱而谈当世之务；宁戚遇齐桓，扣角而取卿相之荣。

楚王轼怒蛙，以昆虫之敢死；丙吉问牛喘，恐阴阳之失时。

以十人而制千虎，比言事之难胜；驰韩卢而搏蹇兔，喻言敌之易摧。

兄弟如鹡鸰之相亲，夫妇如鸾凤之配偶。

有势莫能为，曰虽鞭之长，不及马腹；制小不用大，曰割鸡之小，焉用牛刀。

鸟食母者曰枭，兽食父者曰獍。

苛政猛于虎，壮士气如虹。

腰缠十万贯，骑鹤上扬州，谓仙人而兼富贵；盲人骑瞎马，夜半临深池，是险语之逼人。

黔驴之技，技止此耳；鼯鼠之技，技亦穷乎。

强兼并者曰鲸吞，为小贼者曰狗盗。

养恶人如养虎，当饱其肉，不饱则噬；养恶人如养鹰，饥之则附，饱之则扬。

隋珠弹雀，谓得少而失多；投鼠忌器，恐因甲而害乙。

事多曰猬集，利小曰蝇头。

心惑似狐疑，人喜如雀跃。

爱屋及乌，谓因此而惜彼；轻鸡爱鹜，谓舍此而图他。

唆恶为非，曰教猱升木；受恩不报，曰得鱼忘筌。

倚势害人，真似城狐社鼠；空存无用，何殊陶犬瓦鸡。

势弱难敌，谓之螳臂当辕；人生易死，乃曰蜉蝣在世。

小难制大，如越鸡难伏鹄卵；贱反轻贵，似鸴鸠反笑大鹏。

小人不知君子之心，曰燕雀焉知鸿鹄志；君子不受小人之侮，曰虎豹岂受犬羊欺。

跖犬吠尧，吠非其主；鸠居鹊巢，安享其成。

缘木求鱼，极言难得；按图索骥，甚言失真。

恶人借势，曰如虎负嵎；穷人无归，曰如鱼失水。

九尾狐，讥陈鹏年素性谄而又奸；独眼龙，夸李克用一目眇而

有勇。

指鹿为马，秦赵高之欺主；叱石成羊，黄初平之得仙。

卞庄勇能擒两虎，高骈一矢贯双雕。

司马懿畏蜀如虎，诸葛亮辅汉如龙。

鹪鹩巢林，不过一枝；鼹鼠饮河，不过满腹。

人弃甚易，曰孤雏腐鼠；文名共抑，曰起凤腾蛟。

为公乎，为私乎，惠帝问虾蟆；欲左左，欲右右，汤德及禽兽。

鱼游于釜中，虽生不久；燕巢于幕上，栖身不安。

妄自称奇，谓之辽东豕；其见甚小，譬如井底蛙。

父恶子贤，谓是犁牛之子；父谦子拙，谓是豚犬之儿。

出人群而独异，如鹤立鸡群；非配偶以相从，如雉求牡匹。

天上石麟，夸小儿之迈众；人中骐骥，比君子之超凡。

怡堂燕雀，不知后炎；翁里醯鸡，安有广见。

马牛襟裾，骂人不识礼仪；沐猴而冠，笑人见不恢宏。

羊质虎皮，讥其有文无实；守株待兔，言其守拙无能。

恶人如虎生翼，势必择人而食；志士如鹰在笼，自是凌霄有志。

鲋鱼困涸辙，难待西江水，比人之甚窘；蛟龙得云雨，终非池中物，比人大有为。

执牛耳，谓人主盟；附骥尾，望人引带。

鸿雁哀鸣，比小民之失所；狡兔三窟，诮贪人之巧营。

风马牛，势不相及，常山蛇，首尾相应。

百足之虫，死而不僵，以其扶之者众；千岁之龟，死而留甲，因其卜之者灵。

大丈夫宁为鸡口，毋为牛后；士君子岂甘雌伏，定要雄飞。

毋局促如辕下驹，毋委靡如牛马走。

猩猩能言，不离走兽；鹦鹉能言，不离飞鸟。

人惟有礼，庶可免相鼠之刺；若徒能言，夫何异禽兽之心。

【注释】

麟为毛虫之长，虎乃兽中之王。麒麟：传说中的动物，雄为麒，雌为麟。毛虫：长毛的动物。

麟凤龟龙，谓之四灵；犬豕与鸡，谓之三物。豕：音始，猪也。

騄駬骅骝，良马之号；太牢大武，乃牛之称。騄駬骅骝：音录耳华留。太牢、大武：祭祀时对牛的称呼。

羊曰柔毛，又曰长髯主簿；豕名刚鬣，又曰乌喙将军。鬣：音猎，脖子上长而密的毛。喙：音会，鸟兽的嘴。

鹅名舒雁，鸭号家凫。凫：水鸟，形状像鸭。

鸡有五德，故称之为德禽；雁性随阳，因名之曰阳鸟。《韩诗外传》上说，鸡头上戴冠者文也，步子迈得

大者武，敢斗者勇，看见食物相互招呼为仁，守夜没有差失是信，有这五种美德不应被宰杀。雁性随阳：雁是候鸟，喜欢温暖的地方。

家狸乌圆，乃猫之誉；韩卢楚犷，皆犬之名。狸：野猫。犷：音广，猛也。

麒麟驺虞，皆好仁之兽；螟螣蟊贼，皆害苗之虫。驺虞：音邹于，传说中的动物，只吃死动物，也不吃生草，故称它性仁。螣：古代传说 种能飞的蛇。蟊：音矛，蟊贼：吃庄稼的两种害虫。

无肠公子，螃蟹之名；绿衣使者，鹦鹉之号。唐明皇曾将报告杀人的凶手的鹦鹉封为绿衣使者。

狐假虎威，谓借势而为恶；养虎贻患，谓留祸之在身。

犹豫多疑，喻人之不决；狼狈相倚，比人之颠连。犹：一种动物，性多疑，听到人的声音就预先爬上树，很久才下来，过一会儿又上去，故称不决为犹豫。据说狼前二足长，狈后二足长，互相依靠行动，如果离开就进退不便。

胜负未分，不知鹿死谁手；基业易主，正如燕入他家。刘禹锡有："旧时王谢堂前燕，飞入寻常百姓家。"

雁到南方，先至为主，后至为宾；雉名陈宝，得雄则王，得雌则霸。雉：野鸡。《列异传》记载：秦穆公时，陈仓人捉住一怪兽，有二童子在路边，怪兽说：“那两个童子叫陈宝，得到雄的可以称王，得到雌的可以称霸。”二童子马上变成野鸡飞走了。

刻鹄类鹜，为学初成；画虎类犬，弄巧成拙。鹜：野鸭。雕刻天鹅不成，反像鸭子。

美恶不称，谓之狗尾续貂；贪图不足，谓之蛇欲吞象。

祸去祸又至，曰前门拒虎，后门进狼；除凶不畏凶，曰不入虎穴，焉得虎子。

鄙众趋利，曰群蚁附膻；谦己爱儿，曰老年舐犊。膻：指膻腥的东西。舐：音示，以舌舔物。

无中生有，曰画蛇添足；进退两难，曰羝羊触藩。羝：音低，公羊。蕃：篱笆。

杯中蛇影，自起猜疑；塞翁失马，难分祸福。

龙驹凤雏，晋闵鸿夸吴中陆士龙之异；伏龙凤雏，司马徽称孔明庞士元之奇。龙驹凤雏：龙子凤子。晋朝陆云字士龙，与弟弟陆机都很有名，尚书闵鸿称赞陆家子弟是“龙驹凤雏”。

吕后断戚夫人手足，号曰人彘；胡人腌契丹王尸骸，谓之帝羓。彘：音质，猪也。羓：干肉。契丹王耶律德光南侵时病死，契丹人就把他的尸体用盐腌起来运

回，称为帝羓。

人之狠恶，同于梼杌；人之凶暴，类于穷奇。梼杌：音陶务，《神异经》上记载的西方的野兽，大如老虎，扰乱山中。穷奇：《神异经》记载的有翼能飞，帮助凶恶之人的野兽。

王猛见桓温，扪虱而谈当世之务；宁戚遇齐桓，扣角而取卿相之荣。

楚王轼怒蛙，以昆虫之敢死；丙吉问牛喘，恐阴阳之失时。楚王讨伐吴国时，为鼓励士卒不怕死，曾向车轼上发怒的青蛙敬礼。汉代宰相丙吉出巡时，遇到有人斗殴而死不过问，遇到牛在喘息，上前询问。有人说他本末倒置，丙吉说："现在天气还未大热，牛喘息，怕是阴阳失调，这就是我职务内的事，应当过问，打死人自然有京兆尹过问，不需要宰相来管。"

以十人而制千虎，比言事之难胜；走韩卢而搏蹇兔，喻言敌之易摧。放韩卢这样凶猛的狗去捉跛兔，比喻十分容易。

兄弟如鹡鸰之相亲，夫妇如鸾凤之配偶。鹡鸰：音急灵。鸟类的一种。

有势莫能为，曰虽鞭之长，不及马腹；制小不用大，曰割鸡之小，焉用牛刀。

鸟食母者曰枭，兽食父者曰獍。枭：一种凶猛的鸟，长大以后食母。獍：音静，古书上说的一种像虎豹的兽，生下来就食父。

苛政猛于虎，壮士气如虹。

腰缠十万贯，骑鹤上扬州，谓仙人而兼富贵；盲人骑瞎马，夜半临深池，是险语之逼人闻。

黔驴之技，技止此耳；鼯鼠之技，技亦穷乎。鼯：音无。鼯鼠：有五种技艺但都不精通：能飞不能上屋，能爬但爬不上树梢，能游但不能渡过山涧，能打洞但藏不住身子，能跑但超不过人。

强兼并者曰鲸吞，为小贼者曰狗盗。

养恶人如养虎，当饱其肉，不饱则噬；养恶人如养鹰，饥之则附，饱之则飏。飏：音扬，飞扬。

随珠弹雀，谓得少而失多；投鼠忌器，恐因甲而害乙。随珠：随侯救了一条大蛇，蛇就送来珍珠相报答。弹雀：比喻得不偿失。

事多曰猬集，利小曰蝇头。

心惑似狐疑，人喜如雀跃。

爱屋及乌，谓因此而惜彼；轻鸡爱鹜，谓舍此而图

他。轻鸡爱鹜：轻视鸡而爱野鸭子。

唆恶为非，曰教猱升木；受恩不报，曰得鱼忘筌。猱：猴子。筌：捕鱼的竹器。

倚势害人，真似城狐社鼠；空存无用，何殊陶犬瓦鸡。城狐社鼠：挖狐洞恐毁坏城，熏鼠恐伤人，比喻不容易除掉的东西。陶犬瓦鸡：陶制的狗瓦做的鸡。

势弱难敌，谓之螳臂当辙；人生易死，乃曰蜉蝣在世。蜉蝣：一种水虫，早晚就死了。

小难制大，如越鸡难伏鹄卵；贱反轻贵，似学鸴鸠反笑大鹏。《庄子》中说，越鸡难伏在天鹅卵上，鲁鸡却能做到，这是才能大小不同。鸴：音学，山鹊。《庄子》中说，北溟有鱼，化而为鹏，飞上九万里，蝉和鸴鸠却笑话说："我们在树间飞行就够了，何必飞那么高。"

小人不知君子之心，曰燕雀焉知鸿鹄志；君子不受小人之侮，曰虎豹岂受犬羊欺。

跖犬吠尧，吠非其主。跖犬吠尧：盗跖的狗向尧吠叫。

鸠居鹊巢，安享其成。

缘木求鱼，极言难得；按图索骥，甚言失真。

恶人借势，曰如虎负嵎；穷人无归，曰如鱼失水。负嵎：依靠有利地形。

九尾狐，讥陈彭年素性谄而又奸；独眼龙，夸李克用一目眇而有勇。宋代陈彭年奸险，被人称为九尾狐，九尾狐语出《山海经》。独眼龙：唐代李克用一只眼睛而作战勇敢，被称为独眼龙。

指鹿为马，秦赵高之欺主；叱石成羊，黄初平之得仙。叱石成羊：《神仙传》载，黄初平受一道士传授法术，能够将石头呵斥变成羊。

卞庄勇能擒两虎，高骈一矢贯双雕。《史记》载，卞庄去杀虎，有人献计说：二虎争食一牛，必一死一伤。卞庄按此计果然得到了两只老虎。高骈：唐代人。

司马懿畏蜀如虎，诸葛亮辅汉如龙。诸葛亮进攻魏国，司马懿不出战，诸葛亮派人送给他妇人用的头巾，司马仍然不出战，贾栩等问道："公畏蜀如虎，不怕人笑话吗？"

鹪鹩巢林，不过一枝；鼹鼠饮河，不过满腹。鹪鹩：一种小鸟。鼹鼠：一种大老鼠。

人弃甚易，曰孤雏腐鼠；文名共抑，曰起凤腾蛟。

为公乎，为私乎，惠帝问虾蟆；欲左左，欲右右，汤德及禽兽。晋惠帝听到虾蟆叫，就问："这是为官呢，还是为私呢？"左右戏言说："在官地为官，在私地中为私。"

鱼游于釜中，虽生不久；燕巢于幕上，栖身不安。

妄自称奇，谓之辽东豕；其见甚小，譬如井底蛙。汉代渔阳太守彭宠认为光武帝有功不赏，心中不平，朱浮写信给他说："辽东的猪都是黑的，有一家产下白猪，觉得奇特，就去献给朝廷，走到河东，看到那里的猪都是白的，就惭愧地回去了。"《庄子》云："井蛙不能语于海者，拘于虚也。"

父恶子贤，谓是犁牛之子；父谦子拙，谓是豚犬之儿。犁牛：是杂色牛。孔子曾对仲弓说："犁牛之子很不错。"

出人群而独异，如鹤立鸡群；非配偶以相从，如雉求牡匹。雉求牡匹：飞鸟类称为雄雌，奔走类的称为牡牝。雉鸡应该求其雄，这里说求其牡，表明其淫乱。

天上石麟，夸小儿之迈众；人中骐骥，比君子之超凡。石麟：南唐徐陵年少时，僧人宝志摸着他的头说："这是天上的石麟啊。"南朝徐勉有奇才，除孝称他为"人中骐骥"。

怡堂燕雀，不知后灾；瓮里醯鸡，安有广见。战国时孔斌曾向魏王进谏说："燕雀在大堂上以为很安全，却不知道房子就快烧起来了。"醯（音希）鸡：指醋瓮中的小霉虫。《庄子》载，孔子向老子请教说："我的思想就像你瓮里的醯鸡，你不打开，我就不知道天下有多大。”

马牛襟裾，骂人不识礼仪；沐猴而冠，笑人见不恢宏。马牛穿上衣服。襟裾：衣襟。韩愈曾作诗勉励儿子说：“人不通古今，马牛而襟裾。身行陷不义，况望多名誉。”沐猴：猕猴。

羊质虎皮，讥其有文无实；守株待兔，言其守拙无能。羊的本质却披上虎皮，比喻只是白白地有好的衣冠。

恶人如虎生翼，势必择人而食；志士如鹰在笼，自是凌霄有志。《韩诗外传》上说：“无为虎傅翼，将飞入邑，择人而食。”

鲋鱼困涸辙，难待西江水，比人之甚窘；蛟龙得云雨，终非池中物，比人大有为。

执牛耳，谓人主盟；附骥尾，望人引带。执牛耳：古代诸侯国之间盟誓时，要割下牛的耳朵，由主盟的人捧着，故称主盟者为执牛耳。附骥尾：指苍蝇附在马尾巴上，可以行千里。

鸿雁哀鸣，比小民之失所；狡兔三窟，诮贪人之巧营。《诗经》中有“鸿雁于飞，哀鸣嗷嗷”的诗句。

风马牛势不相及，常山蛇首尾相应。

百足之虫，死而不僵，以其扶之者众；千岁之龟，

死而留甲，因其卜之则灵。百足虫：指蜈蚣。卜之则灵：古代占卜时烧烤龟甲，从裂纹来判断吉凶。

大丈夫宁为鸡口，毋为牛后；士君子岂甘雌伏，定要雄飞。汉代赵温担任京兆郡丞，叹息说："大丈夫应当雄飞，怎么能雌伏。"于是弃官而去，后来终于提任了司徒。

毋局促如辕下驹，毋委靡如牛马走。拘束得如同车辕下的马驹。驹：两岁的马。牛马走：指奔走的牛马。也常作自谦辞。

猩猩能言，不离走兽；鹦鹉能言，不离飞鸟。

人惟有礼，庶可免相鼠之刺；若徒能言，夫何异禽兽之心。相鼠：《诗经》中相鼠篇批评无礼的人。

花　木

【原文】

植物非一，故有万卉之名；谷种甚多，故有百谷之号。

如茨如梁，谓禾稼之蕃；惟夭惟乔，谓草木之茂。

莲乃花中君子，海棠花内神仙。

国色天香，乃牡丹之富贵；冰肌玉骨，乃梅萼之清奇。

兰为王者之香，菊同隐逸之士。

竹称君子，松号大夫。

萱草可忘忧，屈轶能指佞。

筼筜，竹之别号；木樨桂之别名。

明日黄花，过时之物；岁寒松柏，有节之称。

樗栎乃无用之散材，楩楠胜大用之良木。

玉版，笋之异号；蹲鸱，芋之别名。

瓜田李下，事避嫌疑；秋菊春桃，时来迟早。

南枝先，北枝后，庾岭之梅；朔而生，望而落，尧阶蓂荚。

苾当背阴向阳，比僧人之有德；木槿朝开暮落，比荣华之不长。

芒刺在背，言恐惧不安；薰莸异气，犹贤否有别。

桃李不言，下自成蹊；道旁苦李，为人所弃。

老人娶少妇，曰枯杨生稊；国家进多贤，曰拔茅连茹。

蒲柳之姿，未秋先槁；姜桂之性，愈老愈辣。

王者之兵，势如破竹；七雄之国，地若瓜分。

苻坚望阵，疑草木皆是晋兵；索靖知亡，叹铜驼会在荆棘。

王祜知子必贵，手植三槐；窦钧五子齐荣，人称五桂。

钼麑触槐，不忍贼民之主；越王尝蓼，必欲复吴之仇。

修母画荻以教子，谁不称贤；廉颇负荆以请罪，善能悔过。

弥子瑕常恃宠，将余桃以啖君；秦商鞅欲行令，使徙木以立信。

王戎卖李钻核，不胜鄙吝；成王剪桐封弟，因无戏言。

齐景公以二桃杀三士，杨再思谓莲花似六郎。

倒啖蔗，渐入佳境；蒸哀梨，大失本真。

煮豆燃萁，比兄残弟；砍竹遮笋，弃旧怜新。

元素致江陵之柑，吴刚伐月中之桂。

捐资济贫，当效尧夫之助麦；以物申敬，聊效野人之献芹。

冒雨剪韭，郭林宗款友情真；踏雪寻梅，孟浩然自娱兴雅。

商太戊能修德，祥桑自死；寇莱公有深仁，枯竹复生。

王母蟠桃，三千年开花，三千年结子，故人借以祝寿诞；上古大椿，八千岁为春，八千岁为秋，故人托以比严君。

去稂莠，正以植嘉禾，沃枝叶，不如培根本。

世路之蓁芜当剔，人心之茅塞须开。

【注释】

植物非一，故有万卉之名；谷种甚多，故有百谷之号。卉：草的总称。

如茨如梁，谓禾稼之蕃；惟夭惟乔，谓草木之茂。茨：是盖屋的茅草，形容厚实。梁：车梁，形容粗壮。蕃：茂盛。夭：嫩而有生气。乔：高。

莲乃花中君子，海棠花内神仙。

国色天香，乃牡丹之富贵；冰肌玉骨，乃梅萼之清奇。

兰为王者之香，菊同隐逸之士。

竹称君子，松号大夫。秦王封五大夫松事。

萱草可忘忧，屈轶能指佞。萱草：又名忘忧草。屈轶：黄帝时有一种屈轶草，奸佞的人来，草就指向他。

筼筜，竹之别号；木樨，桂之别号。筼筜：音云当，生长在水边的竹子。

明日黄花，过时之物；岁寒松柏，有节之称。

樗栎乃无用之散材，楩楠胜大用之良木。樗栎：音出立，喻无用之才，亦作自谦之辞。亦称“樗材”。楩楠：音骈南，古书上说的一种珍贵的木材。

玉版，笋之异号；蹲鸱，芋之别名。苏东坡参见玉版和尚时，曾戏称笋片为玉版。蹲鸱：芋的形状就像鸱鸟蹲坐。

瓜田李下，事避嫌疑；秋菊春桃，时来尚早。古诗有“桃花二有放，菊花就月开。一般根在土，各自等时来”。

南枝先，北枝后，庾岭之梅；朔而生，望而落，尧阶蓂荚。大庚岭的梅花，南边花已经落下，北边的花才开。尧阶蓂荚：传说尧帝的阶下生着一种蓂荚，初一开花，十五花落，很有规律。

苾当背阴向阳，比僧人之有德；木槿朝开暮落，比荣华之不长。苾芘：佛经中说的一种草，据说有五义，生不背日，冬夏常青，体形柔软，香气远腾，引蔓旁布，是佛的徒弟，所以用来赞扬僧人。传说中木槿花早晨开，晚上落。

芒刺在背，言恐惧不安；薰莸异气，犹贤否有别。芒：草尖。刺：荆棘。薰莸：薰是香草，莸是臭草，两者气味不同。

桃李不言，下自成蹊；道旁苦李，为人所弃。

老人娶少妇，曰枯杨生稊；国家进多贤，曰拔茅连茹。稊：音提，杨柳生出的嫩芽。茹：植物的地下部分。

蒲柳之姿，未秋先槁；姜桂之性，愈老愈辛。蒲柳：水杨树，不到秋天就枯了。

王者之兵，势如破竹；七雄之国，地若瓜分。

苻坚望阵，疑草木皆是晋兵；索靖知亡，叹铜驼会在荆棘。索靖知亡：晋代索靖知道晋国就要灭亡，指着宫外的铜驼说："总有一天在荆棘中看到你。"

王祐知子必贵，手植三槐；窦钧五子齐荣，人称五桂。王祐：宋代人，知道子孙一定会显贵，就亲手在院中种植了代表三公的三棵槐树，近年来他的儿子果然当了宰相。窦钧：五代人，五人儿子才及第做官。

鉏麑触槐，不忍贼民之主；越王尝蓼，必欲复吴之仇。《左传》记载，晋灵公无道，派鉏麑去杀掉劝谏的赵宣子，鉏麑说："杀了为民做主的人不忠，违背君王的命令不信，不如去死。"于是在槐树上撞死了。蓼：多年生草本植物，叶味亲辣。

修母画荻以教子，谁不称贤；廉颇负荆以请罪，善能悔过。宋代欧阳修的母亲教儿子读书，家贫无纸笔，就用芦苇在地上写字。荻：芦苇。

弥子瑕常恃宠，将馀桃以啖君；秦商鞅欲行令，使徙木以立信。弥子瑕：卫灵公的宠臣，曾将自己吃过的

甜桃给了灵公吃，卫灵公说："真是忠心啊，忘记了自己曾经吃过。"后失宠，卫灵公说："曾经将吃剩的桃子给我吃，没有比这更不敬的了。"

王戎卖李钻核，不胜鄙吝；成王剪桐封弟，因无戏言。周成王与弟弟虞一起玩，曾经将桐树叶削成玉玺的形状，戏言说："我封你为诸侯。"周公说："君子无戏言。"，于是周成王就封叔虞为唐侯。

齐景公以二桃杀三士，杨再思谓莲花似六郎。唐朝张宗昌小名六郎，很受武同天宠爱。杨再思担任内史，极力巴张宗昌，有人赞美张宗昌说："六郎似莲花。"杨说："非也，是莲花似六郎。"

倒啖蔗，渐入佳境；蒸哀梨，大失本真。

煮豆燃萁，比兄残弟；砍竹遮笋，弃旧怜新。

元素致江陵之柑，吴刚伐月中之桂。董无素，唐朝人，会法术。一日夜间，唐宣宗曾要他弄来江南的柑橘，董元素放了一个盒子在御榻前，一会儿，有微风吹入，董元素打开盒子，里面装满了柑橘，皇帝尝了，觉得味道不错。

捐资济贫，当效尧夫之助麦；以物申敬，聊效野人之献芹。宋范仲淹之子尧夫去东吴取租，路遇石曼卿三件丧事未办，就把麦子给了石，回来后和范仲淹提起，与范仲淹不谋而合。

冒雨剪韭，郭林宗款友情殷；踏雪寻梅，孟浩然自娱兴雅。汉代郭宗林自己种菜，友人范逵夜间来了，郭冒雨割韭菜作饼招待朋友。唐孟浩然曾冒雪骑驴寻梅，说："我的诗思正在风雪中的驴背上。"

商太戊能修德，祥桑自死；寇莱公有深仁，枯竹复生。商朝第九个王，太戊即位后，有祥桑树生长，七天后就合抱不过来。传说祥桑树是对施政者的警告，太戊于是实行德政，三天后祥桑树就死了。

王母蟠桃，三千年开花，三千年结子，故人借以祝寿诞；上古大椿，八千岁为春，八千岁为秋，故人托以比严君。

去稂莠正以植嘉禾，沃枝叶不如培根本。稂莠：音狼有，都是害苗之草。

世路之蓁芜当剔，人心之茅塞须开。蓁芜：指荆棘。茅塞：像茅草一样塞住了。